Historisk bakgrund för en läsning av Freud

Till viss del , de problemen är de som kan förväntas i läsning europeiska verk av nästan alla slag som är från 35 till mer än f0 år gammal . Viss terminologi är skyldig att vara föräldrade , vissa referenser till vetenskapliga eller litterära verk eller för att sedan - aktuella händelser som Freud skulle kunna anta sina samtida läsare var bekanta med förmedla någonting längre eller ens ge vilseledande intryck ; och en amerikansk läsare som inte vet de kontinentala litterära klassiker är speciellt handikappad . Till stor del men inte fullständigt, den hängiven editorshipen av Strachey förutser sådana problem och hans fotnoter tillhandahålla hjälp förklaringar.
Andra problem uppstår från Freuds vana att då och då under förutsättning att läsaren visste
hans tidigare verk , till och med hans opublicerade sådana. Således , en hel del som var förbryllande om
Kapitel 7 i Drömtydning (Freud , 1900) ee.g. , hans hänvisning till
odefinierad och oförklarlig - systemsebecame begripligt först efter det sena offentliggörandet
av kProjecti (Freud , 1f95) . Men i vilket fall som helst har många studenter av Freud påpekade
nödvändigheten av att läsa honom seguentially . Hans tanke kan inte förstås om hans utveckla idéer tas ur egen kontext . Lyckligtvis , den kronologiska
beställning av Standard Edition och av dessa sammanfattningar uppmuntrar till en sådan läsning .

UTVECKLINGEN AV Freuds idéer
Det fanns fyra stora och överlappande faser av Freuds vetenskapliga arbete :

. 1 Hans prepsychoanalytic arbete , som varade i ungefär 20 år , kan delas upp i en inledande 10 åren av främst histologiska - anatomisk forskning och ett delvis överlappande 14 års klinisk neurologi , med ökad uppmärksamhet på psykopatologi , med början i 1ff6 när han återvände från Paris.
2 . Den första teorin om neuroser är från årtiondet av 1f90 -talet, när Freud använde hypnos och Breuers renande metod för psykoterapi , gradvis utveckla psykoanalytiska metoder för fria associationer , drömtydning , och analysen av överföring . De första Dolen verkligen psykoanalytiska papper dök upp under denna tid , expounding anser att neuros är ett försvar mot oacceptabla minnen av en traumatisk experienceeinfantile förförelse i händerna på en nära släkting . Med upptäckten av sin egen Oidipuskomplexet dock Freud kom att se att sådana rapporter från hans patienter var
fantasier , som ledde honom att vända sitt intresse bort från traumatiska händelser i yttre verklighet
och mot subjektiva psykiska verkligheten . Ett anmärkningsvärt men först nyligen upptäckte händelsen i
utveckling av Freuds tänkande inträffade i 1f95 efter publiceringen av boken han

skrev med Breuer . Han skrev men inte publicera en kPsychology för Neurologistsi (
eller
kProject för en vetenskaplig psykologi , jag hädanefter kallad endast kthe Projecti) ,
presenterar en
omfattande anatomiska - fysiologisk modell av nervsystemet och dess funktion
i normala beteenden , tänkte , och drömmar , samt i hysteri . Han skickade den till sin
vän
Fliess i hög spänning , sedan guickly blev avskräckta av svårigheterna med att skapa
en
gripande mekanistisk och reduktionistisk psykologi . Han mixtrar med modellen för en
par år i brev till Fliess , och slutligen gav upp .

Den sekelskiftet märkt många grundläggande förändringar i Freuds liv och verk : han

avskilde hans nära och beroende vänskap med kollegor (först Breuer , sedan Fliess)
och hans kontakter med den wienska medicinska samhället ; hans far dog ; hans sista
barn föddes ; han psychoanalyled själv ; han gav upp neurologisk praktik , forskning ,
och konceptuella modeller ; och han skapade sin egen nya yrke , forskningsmetod och
teori , i termer som han arbetade därefter .
3 . Freuds topografiska modell av kpsychic apparaten " var grunden för två
årtionden av arbete där han publicerade sina stora kliniska upptäckter : särskilt , The
Drömtydning (1900) och Tre essäer på teorin om sexualitet (1905b) ; hans
papper på technigue använts i psykoanalytisk behandling ; hans fem stora fallhistorier ;
den
centrala verk av Metapsychology ; och en rad viktiga undersökningar och
popularilations av
hans idéer , förutom hans huvudsakliga tillämpningar av hans teorier till skämt , litteratur
och konst ,
biografi , och antropologi . En komplett eller metapsychological förklaring , skrev Freud i
1915 , reguires kdescribing en psykisk process i dess dynamiska , topografiska och
ekonomiska
aspekter " ethat är , i termer av en teoretisk modell där de centrala begreppen är
psykologiska krafter , strukturer och guantities energi (Rapaport m Gill , 1959) . Därför
vi talar om tre metapsychological synvinklar. Den topografiska modellen , vilket var
först framgår av kapitel 7 i Drömtydning och utvecklades vidare i
de metapsychological papper av 1915 conceptualiles tänkt och beteende när det gäller
processer i tre psykologiska system : det medvetna , förmedvetna och omedvetna
(av vilka inget har en uttalad lokus i hjärnan).
4 . Under den sista perioden , mellan de två världskrigen , Freud gjorde fyra huvudtyper
av
bidrag : den slutliga utformningen av sin teori om instinktiva enheter (Bortom lust

Princip , 1920) ; en grupp stora modifieringar av både allmän och klinisk theoryemost synnerhet , den strukturella modellen av den psykiska apparaten (Jaget och Id , 1923) och teorin om ångest och försvar (hämningar , symptom och ångest , 1926a) ; tillämpningar av psykoanalys till större sociala problem ; och en grupp av böcker över och omformulera sina teorier .

För att förstå strukturen av Freuds verk , är det bra att inte bara anta en sådan inriktning på utveckling , men också för att visa sina teorier utifrån följande trefaldiga klassificering .

Först och mest känd är den kliniska teorin om psykoanalys , med sin psykopatologi , dess räkenskaper psykosexuella utveckling och karaktär bildning och liknande .

Föremålet för denna typ av theoriling består av stora evenemang (både verkliga och fantasied) i livshistorier av personer , händelser som inträffar under tidsrymder allt från dagar till flera decennier . Denna teori är beståndet i handeln av clinicianenot bara psykoanalytikern , men de allra flesta psykiatriker , kliniska psykologer och psykiatriska socialarbetare . Löst kallade kpsychodynamics , jag har även trängt in i allmän akademisk psykologi via läroböcker på personlighet .

För det andra , det är vad Rapaport (1959) har kallat den allmänna teorin om psykoanalys ,
även kallad Metapsychology . Dess ämne mattereprocesses i en hypotetisk psykisk apparat eller , ibland , i braineis mer abstrakt och opersonlig ; och de perioder tid som är mycket shorterefrom bråkdelar av en sekund upp till några timmar . Den processer som behandlas är oftast de som förekommer i drömmar , tänker , påverkar och försvar .

Freuds resonemang tränar denna teori är mycket närmare , och han gjorde mer nytta av

teoretiska modeller av den psykiska apparaten . De viktigaste verk är den kProject för en
Vetenskaplig psykologi , i kapitel 7 i Drömtydning , och metapsychological papper.

Tredje är vad som kan kallas Freuds fylogenetisk teori . Ämnet är människan som en art eller i grupp , och de tidsperioder inblandade intervall från generationer till eoner .

Här är Freuds stora spekulationer , till stor del evolutionär och teleologisk karaktär . De innehåller inga explicita modeller av en psykisk apparat , anställa istället många litterära ,
metaforiska begrepp . De huvudsakliga arbeten av denna typ är Totem und Tabu (1913) , Bortom lustprincipen (1920) , Gruppsykologi och Analys av Ego (1921) , Framtiden för en Illusion (1927) , Unbehagen in der Kultur (1930) , och Moses och Monotheism (1934 --- 193f) .

Hans kliniska bidrag är bland de tidigaste av Freuds papper som fortfarande läses , och han fortsatte att skriva i denna anda i hela sitt liv . Vad gäller de andra två typerna av teori , de stora metapsychological verken kom tidigt , de viktigaste fylogenetiska dem sent . Eftersom Freuds begrepp blev mer metaforiska och behandlade bland avlägsna frågor som människans yttersta ursprung och livets mening och död , blev han mindre om att beskriva eller systematiskt står för kursen och ödet för en impuls eller tanke .

Även om Freuds verk läses i den ordning i vilken han skrev dem , mycket återstår skymma om man inte har någon uppfattning om det samtida status vetenskapliga och professionella frågor han diskuterade . Lyckligtvis för oss , är moderna forskare levererar en
stor del av detta behövs bakgrund (t.ex. Amacher , 1965 , Andersson , 1962 ; Bernfeld , 1944 ; Ellenberger , 1970 ; Jackson , 1969 ; Spehlmann , 1953 ; se även Holt , 1965a , 196f) . Den

relevanta kapitel i Ellenberger mästerliga historia rekommenderas särskilt för den lärda men absorbingly läsbart sätt på vilket de ger de sociala och politiska såväl som vetenskapliga , medicinska och allmänna intellektuella sammanhang där Freud skrev . Här kan jag inte göra mer än beröring lätt på ett antal av de viktigaste och mest relevanta intellektuella strömningar av artonhundratalet .

Naturphilosophie OCH sitt avvisande
Vägen för den romantiska revolt som i stort sett characteriled alla aspekter av immateriella
liv i början 1f00 s hade utarbetats av Naturphilosophie , en mystisk och ofta rapsodisk syn på naturen som perfusion med anda och med motstridiga omedvetna krafter
och som utvecklas i enlighet med en inre , ändamålsenlig utformning . Inte ett tätt sammansvetsat skola , dess
ingående tänkare som ingår (i kronologisk ordning) Kant , Lamarck , Goethe , Hegel , Schelling (kanske den centrala figuren) , Oken , och Fechner . Med undantag av Fechner , som levde från 1f01 till 1ff7 , de alla bodde tvärs den artonde och nittonde århundradena . Naturphilosophie uppmuntrade utbrott av vitalism i biologi , förespråkats av den store fysiologen Johannes Muller , och stimulerade en humanistisk skola för romantiska medicin (Galdston , 1956) . I psykiatri , var början av seklet som domineras av de reformer av Pinel , Esguirol , och deras anhängare , som introducerade en era av kmoral treatmentn : fast vänlighet i stället för begränsningar , terapeutisk optimism utifrån etiologiska teorier om en mer psykologisk än ekologiskt cast , och ett försök att involvera intagna i anstalter i konstruktiva aktiviteter .
Den tuffa - minded reaktion på denna upphandling - minded eran var mycket hjälpt av de framsteg
görs i fysik och kemi . Tre av Mullers studenter , Brocke , du Bois -

Reymond , och Helmholtl , träffade Carl Ludwig i 1f47 och bildade en klubb (som blev Berlin Physical Society) att kconstitute fysiologi på en kemisk - fysisk grund , och ge den egual vetenskaplig rang med Physicsi (Ludwig , guoted av Cranefield , 1957 , sid. 407) . De lyckades inte deras uppriktigt sagt reduktionistiska mål men nå sina andra mål : att främja användningen av vetenskapliga observationer och experiment i fysiologi , och att bekämpa vitalism . Bland dem, höll de till följande program :

Inga andra krafter än den vanliga fysiska - kemiska dessa är verksamma inom organismen . I de fall som inte kan på tiden förklaras av dessa krafter man har antingen för att hitta den specifika sättet eller formen för deras insatser med hjälp av den fysiska - matematisk metod , eller att ta på sig nya krafter egual i värdighet till kemisk - fysikaliska krafter inneboende i materia , reducerbara till kraft av attraktion och repulsion , (du Bois - . Reymond , guoted av Bernfeld , 1944 , s. 34f)
I Tyskland framför allt , denna materialistiska jäser av Fysik fysiologi , mekanism , och reduktionism blev läget gradvis sätta romantisk medicin , vitalism , och andra aspekter av Naturphilosophie till rout . Där tidigare det hade varit Psychic , Psycho - somatiska och Somatiska skolor i tyska psykiatrin (se Earle , 1f54 , i Hunter m Macalpine , 1963 , s. 1015 - 101F) , den Somatic successivt vunnit ut ; Meynert
(Freuds lärare i psykiatri) , till exempel tänkt psykiska störningar som sjukdomar av framhjärnan . Trots sina terapeutiska framgångar , var moraliskt behandling förvisad tillsammans med
dess psykogena (ofta sexuella) teorier Kold fruar " psykiatri , " till förmån för strikt organisk - hereditarian vyer och mycket lite i form av terapi (Bry m Rifkin , 1962) . Universitetet i Wien läkarutbildningen var en utpost för den nya hyperscientific biologi , med en av sina promulgators , Brocke , håller en stor stol och styra Fysiologiska institutet (Bernfeld , 1944) . Ironiskt nog , Freud berättar att hans beslut att gå in

läkarutbildningen bestämdes genom att höra kFragment på naturen " skrivs Goethe läsas upp vid en offentlig föreläsning . Denna korta prosadikt är en symbol för Naturphilosophie , och
det måste ha svängt Freud på grund av hans långvariga beundran för Goethe och kanske
på grund av en klonging för filosofisk kunskap , " som hade dominerat hans tidiga år , som han sade senare i ett brev till Fliess . Evolutionen hade varit en viktig grundsats i Naturphilosophie ; så
Det är inte förvånande att denna 17f0 dithyramb kan vara en del av en föreläsning om jämförande
anatomi , den disciplin som möblerade mycket av den avgörande bevis för Darwins ursprung
Arter (1f59) .

ENERGI OCH UTVECKLING
Kanske de två mest spännande koncept av artonhundratalet var energi- och evolution. Båda dessa påverkade starkt Freuds lärare på medicinsk fakultet .
Helmholtl hade läst till 1f47 gruppen hans grundläggande papper om bevarande av energyepresented som ett bidrag till fysiologin . Trettio år senare , Brocke föreläsningar var fulla av de närstående (och fortfarande dåligt differentierade) begreppen energi och

kraft . För att använda dessa dynamiska begrepp var det mycket kännetecknande för den vetenskapliga förhållningssätt ; Brocke lärde att Kreal orsaker symboliled inom vetenskapen med ordet hforce " " (Bernfeld , 1944 , sid. 349) . Det verkar uppenbart att den första av Freuds tre metapsychological synpunkter , den dynamiska (förklaring i termer av psykologiska krafter) , hade sitt ursprung i denna spännande försök att höja den vetenskapliga nivån i fysiologi vid flitig tillämpning av mekanik och speciellt av dynamik , den gren av mekaniken som behandlar krafter och rörelselagarna . Den kraftigt guantitative betoning på skolan för Helmholtl och dess stress på energi är klart de viktigaste faktorerna för Metapsychology sett från ekonomisk synvinkel (förklaring i termer av guantities energi) . Det faktum att , bland

författare Freud respekterade de flesta , så vitt skilda figurer som Fechner och Hughlings Jackson
höll till dynamiska och ekonomiska synpunkter utan tvekan stärkt Freuds unguestioning övertygelse att dessa synpunkter är absolut nödvändiga inslag i en förklarande teorin.
Trots sin Fysikprogrammet, det faktiska arbetet i Brocke s institut var i stort sett klassisk fysiologi och histologi . Freud hade haft sin Darwins vetenskapliga dop i Claus i en mikroskopisk sökande efter de saknade testiklar för ål , och hans flera försök till
fysiologiska och kemiska experiment under andra regi var fruktlösa . Han var glad , Därför , för att bo på mikroskopet där Brocke tilldelade honom neurohistologiska studier , inspirerad av och bidra till evolutionsteorin. När han arbetade med Meynert , var det igen i en strukturell disciplin med en genetisk methodethe studie av hjärnans anatomi med hjälp av en
serie fetala hjärnor för att spåra de Medullär vägar genom att följa deras utveckling . hans
subseguent klinisk praxis var i neurologi , en disciplin som, vilket Bernfeld (1951) har noterade , var nmerely en diagnostisk tillämpning av anatomy.i Dessutom Freuds första full - skala
teoretisk modell , den kProjecti av 1f95 , är främst en teori om strukturella organilation av hjärnan, både grov och fin. Hans tidiga utbildning därmed bevisligen övertygat honom om att en vetenskaplig teori måste ha en strukturell (eller topografiska) bas .
Det var Bernfeld (1944) som först påpekade det påfallande antitetiska innehållet i dessa
två samexisterande intellektuell traditionseNaturphilosophie och Fysik physiologye som båda djupt påverkade Freud , och i den ordningen . I hans publicerade verk , för att vara
säker , kan knappast något av Naturphilosophie ses i tidningar och böcker i sin första

två perioder , och det dök upp nästan helt och hållet i det som jag har citerat ovan som hans phylogenetic ,

spekulativa verk . Många egenskaper hos hans begreppet psykisk energi kan ändå vara spåras till den vitalism som var ett framträdande inslag i Naturphilosophie (Holt , 1967) . Dessutom kan dessa två skolor av tanke också ses som särskilda manifestationer av ännu bredare och mer inkluderande kroppar av idéer, som jag kallar (efter Chein , 1972) bilder av mannen.

Freuds Två Bilder av man

Jag tror att det finns en genomgripande , olöst konflikt inom alla Freuds skrifter mellan två antitetiska bilder; en konflikt som är ansvarig för en stor del av de motsägelser i hela hans produktion , men att hans kognitiva make - up tillät honom att tolerera
(som vi skall snart se) . Å ena sidan , huvuddragen i Freuds teoretiska ansträngning var
att bygga vad han själv kallade en Metapsychology , modellerad på en mid - arton - tals grepp om fysik och kemi . Delvis ingår i detta och delvis ligger bakom den vad jag kallar hans mekanistiska bilden av människan . Den motsatta uppfattning , så mycket mindre framträdande att
många elever är inte medvetna om att Freud höll det , jag vill kalla en humanistisk människosyn . den
kan ses i sin kliniska verk och i den breda , spekulativ , guasi - filosofiska skrifter av hans senare år , men det är tydligast i Freuds eget liv och samspel med andra,
bäst verbaliled för oss kanske i sina brev . Till skillnad från den mekanistiska bild, den humanistiska
uppfattning om människan aldrig differentierade och förklarade uttryckligen nog att kallas en
modell ; men det omfattar en ganska rik och sammanhängande kropp av antaganden om vilken typ av
människor, som fungerade i Freuds sinne som en korrigerande antagonist av hans mekanistiska tendenser.
Det finns få bevis efter 1900 att Freud var medveten om hyser oförenliga bilder av människan , varken som han kunde ge upp . Trots många annars pullling aspekter av

psyko blir begripliga om vi antar att båda bilderna var där , fungerar på många sätt som motstridiga drivsystemen.

Låt mig emphasile att vad jag kommer att presentera är inte en symbol för olika teorier specifikt föreslås av Freud . Snarare är de två bilderna härledas komplex av idéer , utvinns ur Freuds liv och skrifter och rekonstrueras på ungefär samma sätt som han lärde
oss att använda för att förstå neurotiska personer : genom att studera patientens drömmar , symtom , och
kassociations , jag vi sluta omedvetna fantasier , komplex , eller tidiga minnen som aldrig
bli fullt medveten, men som gör det möjligt för oss att göra känsla av hans produktioner , vilket
verkar på ytan så förvillande skiftande . Denna strävan är förenat med en viss
mängd risk . Även den mekanistiska bilden gjordes explicit som bara en teoretisk modell
i kProject , i den opublicerade försök till en neuropsykologi som Freud skrev i 1f95 .
Därefter verkar denna modell till stor del ha glömt eller undertryckt tillsammans med sin
antites , den humanistiska bild .

FREUD humanistiska människosyn
Ingen av Freuds bilder var särskilt original med honom ; var och var hans personliga
syntes av en uppsättning idéer med en lång kulturhistoria , uttryckt och överlämnas till honom
i stor del genom böcker som vi vet att han läser . Långt före och långt efter Freud
bestämde sig för att bli en vetenskapsman , han var en ivrig läsare av de skönlitterär klassiker som är
ofta som kärnan i västerländska människans humanistiska arv . Han hade en utmärkt liberal
och klassisk utbildning , vilket gav honom en insatt i de stora verk av grekiska ,
Latin , tyska och engelska författare , liksom bibeln , Cervantes , Moliere , och annat
stora författare i andra språk , som han läste i översättning . Han var en man med djup
kultur , med en livslång passion för läsning poesi , romaner , essäer och liknande och för
lära sig om klassisk antiguity särskilt men konsten i allmänhet , genom resor ,
insamling , och personlig kommunikation med konstnärer, författare och nära vänner som hade

liknande smak och education.2 Och trots hans senare , negativa kommentarer om
filosofi , deltog han inte mindre än fem kurser och seminarier med framstående filosof - psykologen Brentano under sina år vid universitetet i Wien .
Mycket få av de många nonphysicians som drogs till psykoanalys och som blev en del
av Freuds cirkel utbildades i kharderi eller naturvetenskap . Främst kom de från konst

och humaniora . För varje Waelder (fysiker) det fanns några som Sachs och Kris (studerande främst av litteratur och konst) . Visst detta säger oss något inte bara om påverkan på Freud , men den typ av människa han var , uppfattningen om människan som han levde och som förmedlas genom subtila medel för att hans co - arbetare . På olika sätt , då , kom Freud under påverkan av den rådande bilden av människan som förmedlas av den viktiga sektor av den västerländska kulturen som vi kallar humaniora . Låt mig nu beskriva några av de viktigaste komponenterna i denna bild av människan , som kan urskiljas i Freuds skrifter .
1 . Människan är både ett djur och något mer , en varelse med ambitioner till gudomlighet . Därmed har han en dubbelnatur . Han besitter köttsliga passioner , vegetativa funktioner , girighet och maktlystnad , destruktivitet , självisk bekymmer med maximiling nöje och minimiling smärta ; men han har också en förmåga att utveckla konst , litteratur , religion , vetenskap , och philosophyethe abstrakta världar av teoretiska och estetiska valueseand att vara osjälvisk , altruistisk , och nurturant . Detta är en komplex bild av människan redan från början , som en varelse som bryr sig djupt om högre och lägre frågor .

2 Ellenberger (. 1970 , s. 460) säger att Freud visade dramatikern Lenormand kthe verk av Shakespeare och de grekiska tragedi på hans pofficeq hyllor och sade : . HHere är mina herrar " Han hävdade att de viktigaste teman i hans teorier var baserade på intuition av poets.n

2 . Varje människa är unigue , men alla män är likadana , en art, var och en som människa som
någon annan . Detta antagande medför ett starkt värde engagemang också, till påståendet
att varje person är värd att respekteras och att få hjälp , om det i trubbel , för att leva upp till
omfattningen av hans kapacitet , men begränsade de än må vara . Freud var en av de viktigaste
bidragsgivare för en viktig förlängning av detta antagande genom sin upptäckt att det var verkligen metod i galenskapen (som Shakespeare visste intuitivt) , att den sinnessjuka eller
psykiskt sjuka kan förstås och i själva verket var påverkad av samma grundläggande önskningar som
andra män . Således , i traditionen av dessa psykiatriker som Pinel , Freud gjorde mycket för
bekräfta mänskligheten av det mentalt och känslomässigt onormal och deras kontinuitet med
den normala.
3 . Människan är en varelse av längtan , en Striver efter mål och värderingar , efter fantasier och bilder av tillfredsställelse och fara . Det vill säga , är han i stånd att föreställa eventuella framtida tillstånd av njutning , sensuell glädje och andlig uppfyllelse , och av smärta , förnedring , skuld , förstörelse , etc ; och hans beteende styrs och

drivna av önskan att få de positiva mål och för att undvika eller upphäva de negativa , främst ångest .

4 . Människan är en producent och förädlare av subjektiva betydelser , genom vilken han definierar sig själv , och en av hans starkaste behov är att hitta sitt liv meningsfullt . Det är underförstått i den humanistiska bild som betydelser är primär , irreducibelt , kausalt effektiva , och av kompletta värdighet som ett föremål för systematisk intresse . Psykopatologi , följaktligen , är tänkt i termer av maladaptiv komplex eller konfigurationer av idéer, önskemål , koncept, percepts etc.

5 . Det finns mycket mer för människan än vad han vet eller skulle vanligtvis vill att vi ska tänka , mer

än finns i hans medvetande , mer än vad som presenteras för den sociala världen offentligt.
Denna hemliga sida är utomordentligt viktigt . De betydelser som rör en person som de flesta ,
inklusive fantasier och önskningar , är ständigt aktiv utan medvetande , och det är svårt för människor att bli medvetna om många av dem . För att förstå en person som verkligen är det därför
nödvändigt att känna till sina subjektiva , inre lifeehis drömmar, fantasier, längtan , bekymmer , oro och den speciella färg som han ser den yttre världen . Genom jämförelse , är hans lätt observeras , öppen beteende mycket mindre intressant och mindre viktigt .
. 6 Inre konflikt är oundviklig på grund av människans dualitiesehis högre och lägre naturer , medvetna och omedvetna sidor ; Dessutom , många av hans önskningar är inkompatibla eller föra honom i konflikt med krav och påtryckningar från andra människor .

7 . Det kanske viktigaste av dessa önskningar består den komplexa instinkt kärlek , varav sexuell lust är en stor (och själv komplicerat) del . Människans längtan efter sexuell njutning är nästan alltid stark , ihållande , och polymorf , även när det verkar ordentligt hämmade eller blockeras , och kan tas loss från kärlek . Samtidigt , var Freud alltid känslig för de många former av ilska , hat och destruktivitet , långt innan han formellt erkände dem med sin teori om dödsdriften .
f . Människan är en intensivt social varelse , vars liv är förvrängd och onormalt om inte insnärjd i ett nät av relationer till andra peopleesome av dessa relationer formell och institutionaliled , några informella men medvetet och avsiktligt , och många av dem som har viktiga omedvetna komponenter . De flesta mänskliga drivsystemenär inter karaktär , alltför : vi älskar och hatar andra människor . Därför är det viktigt verklighet för människan
socialt och kulturellt . Dessa Sullivanian - klingande propositioner är klart underförstått i Freuds

fallbeskrivningar .
9 . Ett centralt inslag i denna bild av människan är att han inte är statiskt utan alltid changinge utveckla och minskande , utvecklas och delegera . Hans viktigaste omedvetna motiv härrör från erfarenheter i childhoodethe barn är far till mannen . Människan är en del av ett evolutionärt universum , alltså i princip nästan oändligt perfectible men i praktiken alltid föremål för motgångar , fixeringar och regressioner . 10 . Människan är både aktiv herre över sitt eget öde och en leksak för sina passioner . Han är kapabel att välja bland alternativen , att stå emot frestelser och att styra sina egna drifter , även om han ibland är en passiv bricka av yttre tryck och inre impulser . Det är därför rimligt att försöka ta itu med honom på ett rationellt sätt , att hoppas på att påverka sitt beteende genom att diskutera saker och till och med uppmanade honom att utöva sin vilja. Således har man både ett ID och ett självständigt ego .
Utvinns ur en samling av verk , där det inte har någon systematisk plats , detta humanistiska
bild , som presenteras , är något vagt och dåligt organiled . Ändå ser jag ingen inneboende skäl till att det inte kunde preciserades och utvecklades på ett mer systematiskt sätt .

Freuds MEKANISTISK IMAGE OF MAN
Detta humanistiskt utbildade och filosofiskt benägna ung man , som eldas med en romantisk och vitalistic uppfattning av biologin som han ville studera , gick till universitetet
Wiens medicinska skolan , där han fann sig omgiven av män med stor prestige och intellektuell substans undervisning spännande vetenskapliga läror ett helt annat slag. han
genomgick en hastig omvandling först till en radikal materialism , och sedan till Fysik fysiologi , en främsta arvtagare till den mekanistiska tradition som inleddes med Galileo och

försökte förklara allt i universum i form av Newtons fysik .
Freud var för år under inflytande av Brocke , som han en gång kallade den största auktoritet han någonsin träffat . Flera av hans andra lärare och kolleger var också entusiastiska medlemmar av den mekanistiska skola Helmholtl , särskilt Meynert , Breuer , Exner , och Fliess . Utsikterna för denna smala men rigorösa läran var för alltid efter att forma Freuds vetenskapliga ideal , kvardröjande bakom kulisserna i hans theoriling , nästan i rollen som en vetenskaplig överjag . I den meningen tror jag att den

mekanistiska bilden av människan ligger bakom och kan skönjas i Freuds metapsychological skrifter , även om vissa aspekter av den bilden verkar motsägas . I många detaljer , är den mekanistiska bilden kraftigt i motsats till den humanistiska en . Jag har försökt att ta fram denna skillnad på följande katalog av antaganden .
1 . Människan är en riktig föremål för naturvetenskap , och som sådan är inte annorlunda från alla andra objekt i universum . Alla hans beteende är helt bestämd , inklusive rapporter om drömmar och fantasier . Det vill säga , alla mänskliga företeelser är lagliga och i princip möjligt att förklara med naturliga - vetenskapliga , guantitative lagar . Från denna utsikts , det finns ingen mening att dela upp sitt beteende eller att överväga hans natur att vara dualehe är helt enkelt ett djur , bäst förstås som en maskin eller apparat , som består av geniala mekanismer , som arbetar enligt Newtons rörelselagar , och förståeligt utan rester i termer av fysik och kemi. Man behöver inte postulerar en själ eller viktig princip för att göra apparaten springa , även om energi är ett viktigt begrepp . Alla kulturella landvinningar som människan är så stolt , alla hans andliga värden och liknande , är bara sublimeringar av grundläggande instinktiva enheter , till vilken de kan reduceras .

. 2 Skillnaderna mellan män är vetenskapligt försumbara ; från mekanistisk synpunkt , alla människor är i grunden densamma , som är föremål för samma universella lagar . Tonvikten läggs på att upptäcka dessa lagar , inte på att förstå enskilda individer . Därför tar Metapsychology ingen anmärkning av individuella skillnader och verkar inte vara en teori om personlighet .
3 . Människan är i grunden motiverad av den automatiska tendens sitt nervsystem för att hålla sig i en ostimulerade tillstånd , eller åtminstoneatt hålla sina spänningar på en konstant nivå . Grundmodellen är den reflexbågen : yttre eller inre stimuli leder till att aktiviteten i CNS vilket leder till svar . Alla behov och längtan måste , för vetenskapliga ändamål , vara conceptualiled som krafter , spänningar som måste minskas , eller energier som söker urladdning .
4 . Det finns ingen plats för betydelse eller värde inom vetenskapen . Den behandlar guantities , inte gualities , och måste noggrant objektiv . Fenomen som tankar , önskningar eller rädslor är epiphenomenal ; de finns och måste förklaras , men har ingen förklarings själva . Energier tar till stor del sin plats i den mekaniska modellen .
5 . Det finns ingen tydlig motpol till den femte humanistiskt antagande har en som behandlar
betydelsen av det omedvetna och den hemliga , inre sidan av människan . En motsvarande
omformulering av samma punkt i mekanistiska termer kan vara : medvetandet är också en
epifenomen , 3 och vad som händer i en persons medvetande är av trivial intresse i förhållande

3 Sant (som MM Gill har vänligt påpekat för mig) , i nProjectn Freud gjorde uttryckligen förneka att

medvetandet är en epifenomen . Men hela trenden i kProjectn kräver uppfattningen att han var ovillig
att ansluta sig : det är ett försök att redogöra för beteende och neuros rent mekanistiska termer , utan
ingripande av några mentala enheter i orsaksprocessen . I själva verket tror jag att det var till stor del därför att han kunde
inte lyckas med sitt mål utan att postulera en medveten ego som ombud i processen för försvaret , och eftersom
han kunde inte nå en tillfredsställande mekanistisk förklaring av medvetandet , att Freud övergav
kProject.n

till den livliga verksamheten i nervsystemet , varav de flesta går på utan någon motsvarande medvetandet .
6 . De många krafter som verkar i den apparat som är människan ofta kolliderar , vilket ger upphov till ett subjektivt rapporten av konflikter .
7 . Processerna sentimentalt kallas kärlek är inget annat än förklädnader och omvandlingar av könsdriften , eller , mer exakt , dess energi (libido) . Även platonisk kärlek är bara sikta - hämmad libido . Sex , inte kärlek , är därför det främsta motivet . Och eftersom den grundläggande tendensen av nervsystemet är att återställa ett tillstånd av ostimulerade eguilibrium , är den totala passivitet döds dess slutmål . Rage och destruktivitet är bara förklädnader och omvandlingar av dödsinstinkt.
f . Objekt (det vill säga andra människor) är viktiga endast i den mån de ger stimuli som sätter den psykiska apparaten i rörelse och ge förutsättningar för att minska inre spänningar som ger den vila igen . Relationer som sådana är inte riktiga ; en psykologi kan vara komplett utan att överväga mer än den enskilda apparater och händelser i det , plus den allmänna klassen av yttre stimuli . Verkligheten innehåller konly massorna i rörelse och ingenting elsei (Freud , 1f95 , sid. 30f) .
. 9 Den genetiska tonvikten är inte mycket annorlunda för Freud som mekanist och som humanist , så låt oss gå till den sista punkten :
10 . Eftersom människans beteende är strikt bestäms av hans tidigare historia och av samtida arrangemang av krafter , är fri vilja en vilseledande illusion . För att medge tanken att
autonomi eller valfrihet skulle innebära spontanitet istället för passivitet i nervsystemet systemet , och skulle undergräva assumptioneconsidered vetenskapligt necessaryethat

beteende bestäms helt av de biologiska enheter och av externa stimuli .

KONSEKVENSER FÖR TVÄ BILDER

Psykoanalytisk teori som vi känner den är en vävnad av kompromisser mellan dessa två
motstående bilder. Inverkan av den mekanistiska bilden är tydligast i Metapsychology , där den allmänna strukturen av de stora satser såväl som en stor del av den terminologi kan man se att härleda direkt från explicit mekanistiska och reduktionistisk modell av kProject.i Det mest slående förändringen var Freuds överger en
anatomiska - neurologisk ram för abstrakt tvetydighet i kpsychic apparaten , i där strukturerna och energier är psykiskt , inte fysiskt . Omedvetet , tog Freud en störta sig in cartesianska metafysisk dualism , men avvärjt vad han ansåg var den antiscientific hot om den humanistiska bilden genom att fortsätta att hävda ultimata förklarings
ström för Metapsychology i motsats till den teoretiskt mindre ambitiösa formulering av kliniska observationer i språket som var närmare det i vardagen . Och i Metapsychology , med hjälp av konststycket att översätta subjektiva längtan in i terminologin
av krafter och energier , hade Freud inte behöva ta behavioristic please att förkasta inre värld ; genom att ersätta på engelska , villig själv med egot som definieras som en psykisk
struktur , kunde han tillåta tillräcklig autonomi för att uppnå en rättvis passning med klinisk
observation.
Utan realiling det därför Freud gav inte upp den passiva reflex modell av organism och den närbesläktade Fysik begreppet verklighet även när han åt sidan avsiktlig neuropsychologiling . Även om han skjutas uttryckligen alla försök att relatera termer av Metapsychology till processer och ställen i kroppen , ersattes han psykologiska

teorier som bär samma börda omoderna antaganden .
Förhållandet mellan den humanistisk bilden och Naturphilosophie står att förtydligas. På ett sätt kan de senare anses vara en del av det tidigare ; men i ett antal respekterar den har en särskild ställning . Jag tänker på det som ett egendomligt europeisk intellektuell anomali ,
naturligtvis relaterad till dess matris av början av arton - talets idéer och redan anakronistisk
av Freuds tid . När den moderna temperament (även i historia och andra samhällsvetenskaper)
ser för detaljerade , prosaiska kedjor och nätverk av påvisbara orsaker , de intellektuella den tiden såg inget fel med att postulera en konceptuell genväg , en ad hoc kforcei eller kessencei eller annan teoretisk deus ex machina till vilken ett observerat utfall var direkt hänföras . Lösa analogier var lätt accepteras som adeguate sätt att forma

hypoteser (oftast genetisk) , och knappast någon förstått skillnaden mellan generera en rimlig ljus idé och nå en försvarbar slutsats . För detta humör , audacity var mer att bli beundrad än försiktighet . I strålande oväntad koppling av händelser
eller fenomen var en bättre prestation än ett mödosamt spikade - down slutsats . Sålunda
den stora svep av Darwins idéer fångat allmänhetens fantasi , konditioneras som det var med en
arvet från Naturphilosophie , mycket mer än hans extraordinära samling av detaljerad empiriska bevis . Darwin hade inte införa idén om evolutionen ; hans bidrag var att träna i övertygande detalj en nonteleological mekanism genom vilken den grad ursprung
arter kunde redovisas. Det var en ironi faktiskt att hans stora bok verkade i populär sinne en bekräftelse av de teleologiska , även animistiska , föreställningar om Naturphilosophie ,
även om det har varit många sådana händelser i vetenskapens historia . Kanske är den största delen av
människor närmar nya idéer kassimilativelyn (för att använda Piagets term) , reducerar dem till deras
närmaste eguivalent i lager av redan existerande koncept , så att en revolutionär

Förslaget kan hamna förstärka en reaktionär idé .
Man skulle till och med hävda att i dagens värld , den viktigaste funktionen av storslagen ,
integrativa speculationsephilosophical eller pseudo h htheories av universeieis
för att hjälpa ungdomar att få en tillfällig intellektuell behärskning av den förvirring de upplever
på den plötsliga ökning av sina horilons , både känslomässiga och idémässiga . På ett sätt
Freud den medicinare var guite berättigat att känna att hans Nature - filosofiska böjelser var bland de barnsliga saker som en man var tvungen att lägga undan . Jones (1953 , s. 29).
skriver att när han frågade en gång Freud hur mycket filosofi som han hade läst , svaret kom : kVery lite. Som en ung man som jag kände en stark dragning till spekulation och hänsynslöst kontrolleras it.i
På grundval av detta och många relevanta anmärkningarna och passager har jag summariled (se
tabell) aspekter av Freuds tänkande som verkar spåras till Naturphilosophie och hans filosofiska studier med Brentano , tillsammans med sina motsvarigheter , dras från tradition av mekanistisk vetenskap och i synnerhet från Freuds egen lärlingsutbildning i Fysik fysiologi. Till en okänd utsträckning , kan vissa objekt på vänster har härletts

från andra humanistiska källor , men detta verkar mest trolig . (Bevis på att olika element var associerade på det sätt som presenteras i Holt , 1963.) Freud talade oftast aktning om alla de metoder och förfaranden för den formella discipliner , som i quotation ovan , där det är anmärkningsvärt (och karakteristiska) att han eguated filosofi och spekulation . Avdrag , omfattning av en teori täckning , och rigorös definition var associerade i sitt sinne med de sterila , formalistiska aspekter av

Tabell 1 : Latent struktur Freuds Metod Föreställningar

Härstammar stor del från Härstammar till stor del från filosofi , särskilt Fysik fysiologi :
Naturphilosophie :
Associerade filosofi ; akademiska fysiologi ;
discipliner : filosofisk psykologi neuropsykologi ;
Metapsychology
Typ av uttömmande och heltäckande Partiell , ad hoc teorier
theoriling : teorier , med noggrann med famlar vagt
definitioner av begrepp som definieras begrepp
Rutiner Deduktivt procedur , använd Induktiv förfarande
och matematik ; (nonformalistic);
metoder : spekulation ; syntes observation ; dissektion ;
analys

filosofi. Och ändå (kanske på grund av bron - begreppet evolution) , Naturphilosophie och resten av detta komplex av idéer var kopplade i Freuds tanke med darwinistisk biologi och den likaledes genetiska disciplinen arkeologi . Dessa respektabla vetenskaper som , till skillnad från filosofi och matematik , var konkret empirisk , rekonstruerade fjärrkontrollen tidigare av människan genom en genetisk metod . Kanske tanken på att han följde sin metod aktiverat Freud , slutligen , att hänge sin långa - undertryckt längtan efter bred , spekulativa theoriling . I sin självbiografi (. Freud , 1925 , s. 57) , skrev han : Kin verk av mina senare år (Bortom lustprincipen , Gruppsykologi och analys av jaget , och The Ego och Id) , jag har gett fria tyglar till lutningen , som jag hållit nere så länge, till spekulation .... jag

På ett sätt , naturligtvis , är det bara en förlängning av metoden för genetisk rekonstruktion till
gå tillbaka längre än början på en individuell liv och försöker spåra utvecklingen av socialt delade tullen i större livshistoria för ett folk , som Freud gjorde i Totem och

Tabu . De föreställningar om Haeckel (som ontogeni rekapitulerar fylogeni) och av Lamarck (som acguired egenskaper kan föras vidare genetiskt) var allmänt känd under Freuds vetenskapligt uppväxt och haft en långt mer utbredd acceptans av den vetenskapliga världen än de gjorde under Freuds senare år . Denna acceptans gjorde det svårt för honom att ge upp dem . Om de funktionella antropologer hade dykt upp en generation tidigare och om den evolutionära synsätt inte hade så populariled av Sir James Fraler , skulle Freud ha kunnat förstå hur genomgripande och omedvetna mönstringen av en kultur kan vara . Denna intrikata sammankoppling gör att kulturen ska överföras via subtila och nästan omärkliga typer av lärande , ett faktum som undanröjer det som Freud (1934e3f) förklarade var det nödvändigt att en socialpsykologi bör postulera arv av acguired egenskaper .

Freuds Cognitive Style

Låt oss nu gå över till den sista stora källa till problem den moderna läsaren möter i förståelsen Freud : hans kognitiva stil . Alla som har läst Freud överhuvudtaget kan reagera på denna proposition med förvåning , för Freuds stil är mycket beundrad för sin kristallklara tydlighet . Även i översättning , är Freud levande , personligt och charmigt direkt på ett sätt som gör honom mycket läsvärda ; han använder fantasifulla och originella figurer av tal , och ofta leder läsaren tillsammans med en slags stegvis utveckling som gör det möjligt för honom att tränga in i svåra eller lättstött områden med ett minimum av ansträngning . Alla som har läst mycket av hans skrivande kan lätt förstå varför han fick Goethe prile för litteratur .
Trots det finns det stilistiska svårigheter att förstå honom ; men de förhåller sig till sin kognitiva , inte hans litterära stil . För ett par decennier sedan George Klein (1951 , 1970) myntade
termen kognitiv stil att betyda mönstring av en persons sätt att ta in , bearbeta , och förmedla information om sin värld . Freud har en idiosynkratiska sätt inte bara av skriva utan att tänka , vilket gör det förvånansvärt enkelt för den moderna läsaren att misstolkar hans mening , att missa eller förvränga många nyanser i hans tänkande . Till viss
examen , jag själv kan vara subtilt förvränga Kleins koncept , för han operationaliled det i
laboratorium, inte biblioteket. Han presenterade ämnen med dolda siffror som ska extraheras från
kamouflage , serie sguares som ska bedömas för Sile , och andra ovanliga uppgifter , en del av hans
egna och en del av andras utformat . Däremot de metoder jag har använt är mer som de

av litteraturkritiker . Jag har samlat anteckningar om det som slog mig som karakteristiska sätt

som Freud observerade , bearbetade data , som erhållits idéer på annat än direkt sätt observation , tänkte på dem , och sätta sin personliga prägel på dem . Därvid dock har jag vägletts av mitt långa samarbete med Klein och hans eget sätt att närmar kognitiva processer och produkter ; så jag hoppas att jag har varit trogen andan för hans bidrag , som är nu så stor utsträckning som att vara i stort sett en del av psykologins gemensam egendom .

teckenformat
Kanske lika bra plats att börja som alla är med Ernest Jones väl - kända biografi . Mycket av det lilla som han har att säga om detta ämne kan organiled i form av antiteser eller paradoxer . Först av allt, det var en hel del om Freud som var tvångsmässigt ordnat och hård - att arbeta . Han ledde en stabil , regelbunden liv där hans arbete var en nödvändighet . Som han skrev till Pfister : kI kunde inte tänka sig med någon form av tröst ett liv utan arbete . Kreativ fantasi och arbete hör ihop med mig ; Jag tar ingen glädje i någonting else.i Ändå fortsatte han , skulle kThat vara ett recept för lycka om det inte vore för den hemska tanken att ens produktivitet beror helt på känsliga moodsi (Jones , 1955 , sid. 396f .) . Som Jones tar fram , gjorde han verkligen arbetar med ryckighet , inte guite så stadigt och regelbundet som, säg , Vergilius , men när stämningen var på honom .
Återigen , Jones anmärker på kFreud s uppmärksamhet åt verbala detaljer, den slående tålamod med vilket han skulle riva upp betydelsen av fraser och utterancesi (ibid. , sid. 39f) . Å andra sidan :
Hans översättare kommer att bära ut mig när jag påpeka att mindre oklarheter och tvetydigheter ,
av ett slag som mer noggrann försiktighet lätt hade kunnat undvika , är inte det minst av sina prövningar . Han var naturligtvis medveten om detta . Jag minns att jag en gång frågade honom varför han

använde en viss fras , vars innebörd var oklar , och med en grimas han svarade : (. 1953 , s. 33f .) kPure Schlamperein (slarv) .
Han var själv inte en noggrann översättare , även om en mycket begåvad man . kInstead av mödosamt transkribera från främmande språk , idiom och allt , skulle han läsa ett stycke , stäng boken , och överväga hur en tysk författare skulle ha klätt samma tankar r Hans översätta arbete var både lysande och Rapidi (Jones , 1953 , s. . 55) . Likaså Jones anmärker på Freuds kguickness tanke och observationi allmänhet , och det faktum att kHis typ av sinne var sådan att tränga igenom materialet till något riktigt

viktigt längre snarare än att Dally eller leka med ITI (1955 , sid. 399) . Kort sagt , var han intuitivt snarare än ploddingly systematiskt .

Denna särskilda paradox kan lösas , tror jag , med insikten att Freud var , i princip , en tvångsmässig - tvångsmässig personlighet , där denna typ av ambivalens är välbekant . Han hade ett bra mått på de grundläggande anal drag av ordning och tvångsmässig uppmärksamhet på detaljer ; men när det kom till hans läget att arbeta med sådana uppgifter som den minsta vändning i att berätta en dröm (som bara ett tvångsmässigt skulle ha lagt märke till att börja med) , visade han en present till intuition . När allt som Jones aldrig tröttnar på att påminna oss , han var ett geni , en man med hög intelligens .

KARAKTÄR Freuds INTELLECT
Vilken typ av intelligens var det , thens Om vi antar referensram för Wechsler intelligenstest , var det först av allt övervägande en verbal snarare än en prestanda sorts förmåga . Jag har sett några bevis för att Freud speciellt var begåvad med hans
händer . Han misslyckades som en kemisk försöks (Jones , 1953 , sid. 54) , och även om han var en bra

microscopist och uppfann en ny vävnad fläck under hans år av vetenskaplig lärlings i Brocke fysiologiska laboratorium , finns det inga bevis för att han var skicklig på mekanisk slutet av den. Han var aldrig vad vi kallar kan- apparat man , i en genial tinkerer.4 Förresten , den vanliga innebörden av en markant högre verbal över prestanda
10 skulle bäras ut i Freuds fall : han var väl aldrig gett att agera ut , men var alltid en intellectualiler och internaliler . Dessutom fanns kThat en uttalad passiv sida till Freuds naturen är en slutsats som det finns gott om evidence.i Jones (. 1953 , s. 53) noterar ; Khe anmärkte en gång att det fanns tre saker som han kände unegual : styr , härdning , och educating.i Han gav upp hypnos som ka grovt störande metodiskt och snart förnekat att handpålägg trots att han behandlat flera av damerna i Studies in Hysteria genom fysisk massage . Sitter guietly och lyssna på gratis föreningar , svarar endast muntligt (till stor del av tolkningar) , är metoden par spetskompetens av en man med verbala gåvor och en obenägenhet att manipulera . Inom området för verbal intelligens , kan vi göra några mer specifika påståenden som också. Khe hade ett enormt rikt ordförråd , i Jones (1955 , sid. 402) intygar , KBut han var
vända av en pedant i ord . " Han visste åtta språk , ha tillräckligt med kunskaper i engelska
och franska för att skriva vetenskapliga artiklar i dessa tungor . Det finns en hel del bevis
mellan raderna i Freuds skrifter som det sätt på hans tanke var till stor del verbala , som

4 Nas en ung läkare arbetade jag under en lång tid på kemisk institutet utan att någonsin bli skicklig på de färdigheter som att vetenskapen krav ; och därför i mitt vakna liv har jag aldrig tyckt om att tänka på denna karga och faktiskt förnedrande

episod i min lärlingsutbildning . Å andra sidan har jag en regelbundet återkommande dröm om att arbeta i laboratoriet , utföra analyser och att ha olika upplevelser där. Dessa drömmar är obehagligt på samma sätt som examinations drömmar och de är aldrig mycket tydlig . Medan jag tolka en av dem var min uppmärksamhet så småningom lockas av ordet " analys" . vilket gav mig en nyckel till förståelse . Sedan dess har jag blivit en hanalyst " , och jag nu genomföra analyser som är väldigt mycket talas om ... n (1900 , sid. 475)

skillnad från bildlösa , visuell , auditiv eller kinestetisk . Han ger bevis för att han hade varit en virtuell Eidetiker förrän långt in i hans skolgång , dock :
... För en kort period av min ungdom några ovanliga bedrifter av minne inte var längre än mig .
När jag var en skolpojke jag tog det som en självklarhet att jag skulle kunna upprepa utan den
sidan jag hade läst ; och strax innan jag kom in på universitetet jag kunde skriva ner nästan ordagrant populära föreläsningar om vetenskapliga ämnen direkt efter att ha hört dem .
(1901 , sid. 135)
Hans hörsel bildspråk kan vara utomordentligt levande också, åtminstonefram till för några år senare ,
när han studerade med Charcot i Paris . Under dessa dagar , han rapporterar KI guite ofta
hörde mitt namn plötsligt kallas av en omisskännlig och älskade röst , " , som han går på
att hänvisa till unblinkingly som khallucination " (1901 , sid. 261) . Men han skriver om dessa
erfarenheter på ett sätt som tyder på att , som de flesta andra eidetic kameror , han gradvis
förlorat förmågan när han blev äldre . Sant, förblev hans drömmar livfullt visuell , och han
ibland kunde få en skarp visuell bild i vakna livet , men han emphasiled att sådana tillfällen var enastående . Å andra sidan har jag aldrig funnit några tecken på att Freud var även medveten om att ett sådant fenomen som bildlösa tänkande existerar ; though
utredare från Galton till Anne Roe har funnit att det characteriles många ledande siffror i sådana discipliner såsom matematik och teoretiska physicsedisciplines som Jones
uttryckligen säger (1953 , s. 33). Freud skulle aldrig ha utmärkt sig i.
Kanske finns det en antydan här som Freuds sinne var inte i den absoluta framkanten så långt som mycket abstrakt tänkande är berörda. Säkerligen var han inte mycket av en matematiker . Han characteriled gång själv på följande sätt :
Jag har mycket begränsad kapacitet eller talanger . Ingen alls för naturvetenskap ; ingenting

för matematik ; ingenting för någonting guantitative . Men vad jag har , av en mycket begränsad

natur , var nog väldigt intensiv . (tuoted i Jones, 1955 , sid. 397)
Som vi skall se lite senare , denna relativa svaghet i guantitative faktorn hade ett antal märkbara effekter på Freuds sätt att tänka.
Att summarile hittills , när det gäller förmågor , Freud hade en övervägande verbal intelligens och sätt att tänka . Han var utomordentligt begåvad på minne , koncentration , passiv (eller som han uttryckte det , kevenly - suspendedi) uppmärksamhet , och kreativa koncept - formation . Hans gåva var mer analytisk än syntet , precis som sin föredrog den förra framför den senare aspekten att tänka. Han hade inga märkbara gåvor tillsammans sensomotorisk , manipulativa , eller guantitative linjer , och inte heller i de mest abstrakta typer av tankar . Framför allt kan det inte vara överflödigt att tillägga, han var produktiv , original , och kreativa .

SJÄLV - KRITISKA TVIVEL kontra själv - SÄKER BESTÄMNING
I går vidare till några mer stilistiska aspekter av hans tänkande , ska jag fortsätta att driva
antiteser . En sådan är den kognitiva sidan av ett framträdande tema i Freuds personlighet : a
själv - kritisk, även pension och själv - tvivla blygsamhet kontra en stor del dold och negeras
törst efter berömmelse i kombination med stor själv - förtroende . Ett antal av de guotations båda från
Freud och från Jones har berört hans själv - kritiska sida , och bevisen för hans djupa - sittande längtar efter att se sitt namn inristat på en sten för åldrarna är allestädes närvarande i Jones tre
volymer , även om lärjungen outdid mastern i att protestera att det inte var så . Båda dessa
aspekter av Freuds sinne komma ut i förhållande till de idéer han som anges i Bortom lust
Princip . Han skrev :
Vad som följer är spekulation , ofta långt - sökt spekulation , som läsaren kommer att överväga eller avfärda enligt hans individuella förkärlek . (1920 , s. 24).

och :

Man kan fråga sig om och hur långt jag är själv övertygad om sanningen i de hypoteser som har fastställts i dessa sidor . Mitt svar skulle vara att jag inte är övertygad om mig själv och att jag inte försöka övertyga andra människor att tro på dem . Eller , rättare sagt, att jag inte vet hur långt jag tror på dem .... Eftersom vi har så goda skäl att vara misstänksam , vår inställning till resultatet av våra egna överläggningar kan inte gärna vara annat än en av sval välvilja . (1920 , sid. 59)

Han talade naturligtvis om hans mest kontroversiella spekulationer , de som rör dödsinstinkten. Men bara några år senare , skrev han detta :

Till att börja med var det bara preliminärt att jag lagt fram de åsikter jag har utvecklat här , men under tiden de har fått ett sådant grepp om mig , att jag inte längre kan tänka på något annat sätt . Enligt min mening , de är långt mer användbar ur en teoretisk synvinkel än andra möjliga ; de ger att förenkling , utan antingen ignorera eller göra våld på fakta, som vi strävar efter i vetenskapligt arbete . (1930 , sid. 119)

Kort sagt , hade han en tendens att bli så kaccustomed till facei av sina egna idéer som att betrakta dem oumbärliga och , slutligen , i befintligt skick, även om de ursprungligen presenterades med stor ödmjukhet . Ja, såg han tillbaka på den skakiga spekulationer Bortom lustprincipen som grund för att stödja hans grundläggande antagandet att det måste finnas två klasser av instinktiva enheter :

Om och om igen ser vi , när vi kan spåra instinktiva impulser tillbaka , att de avslöjar sig själva som derivat av Eros . Om det inte vore för de överväganden som framförts i Bortom lustprincipen , och i slutändan för de sadistiska beståndsdelar som har fäst sig till Eros , borde vi ha svårt att hävda att vår grundläggande dualistiska synpunkt stift instinkt teori) . (1923 , sid. 46)

Här har vi den första antydan till en av de grundläggande problemen med vilken Freud kämpade ,

och som hjälpte till att forma karaktären av hans tänkande . Att arbeta som han gjorde i ett nytt område , med några konventionella kriterier för upprättande av giltiga kunskap , var han tvungen att upprätthållas mot den oundvikliga själv - tvivel , till och med förtvivlan att det han gjorde skulle kunna leda någonstans , med en irrationell förtroende för sig själv , en tro att hans intuition och hypoteser skulle upprättelse , och även en viss grad av själv - bedrägeri som han hade etablerat punkter fastare än han i själva verket hade kunnat göra .

Hans vilja att framhärda i ansiktet av hans erkännande att framsteg var svårt uttrycks väl i följande guotation :

Det är nästan förödmjukande att , efter att ha arbetat så länge , bör vi fortfarande har svårt att förstå de mest grundläggande fakta . Men vi har bestämt oss för att förenkla någonting och att dölja någonting . Om vi inte kan se saker klart vi kommer åtminstone att se tydligt vad de oklarheter finns . (1926a , sid. 124)

En av de positiva aspekterna av Freuds förmåga att vara själv - kritisk var hans vilja att förändra sina tankar :

Vi måste ha tålamod och invänta nya metoder och tillfällen för forskning . Vi måste vara redo , för , att överge en väg som vi har följt under en tid , om det verkar leda till något

bra slut . Endast troende , som kräver att vetenskapen ska vara ett substitut för katekesen de har gett upp , kommer att skylla en utredare för att utveckla eller till och med omvandla hans åsikter . (1920 , sid. 64)
Om han inte alltid kan leva upp till denna modiga program , om han misslyckades med att recognile att
många av hans unguestioned antaganden inte var så axiomatiskt sant som han trodde , dessa
är nödvändiga conseguences av att vara människa . Freud var väl upprätthållas i sin långa
gäst med ett brinnande intresse för att tränga in i naturens mysterier och en förmåga att ta hand
djupt om hans idéer . Desto mer naturligt , därför att han skulle ha tenderat ibland

att förlora vetenskaplig avskildhet och förvirra sina koncept med verkligheten . Därmed skulle han se kthe hsuper - ego , " en av de senare resultaten av psychoanalysisi (1900 , s. 55f n 1 . .) , Eller att kthe upptäckten att jaget självt är cathected med libidoi (1930 , s. 11f . ; kursivering i båda guotations) . När jag talade ovan om hans unguestioned antaganden , hade jag främst ihåg den passiva reflex modell av organismen , som i dag bevisligen falskt (Holt , 1965) . Men Freud det verkade så själv - uppenbarligen sant att han hänvisade till det som ett faktum som han kunde hittat en av hans mest guestionable konstruktioner :
Den dominerande tendensen i själslivet , och kanske nervös livet i allmänhet , är arbetet med att minska , för att hålla konstant eller ta bort den interna spänningar på grund av stimuli . . . ea tendens som kommer till uttryck i lustprincipen ; och vårt erkännande av detta faktum är en av våra starkaste skäl för att tro på existensen av döds instinkter . (1920 , s. 55f , . . Kursivering)
En annan aspekt av denna samma antites var Freuds övertygelse att kärnan i det han som lägger fram var sanning , vilket uppskattas fullt ut endast av framtida generationer , kontra sin förväntan om att mycket av det han lärde skulle guickly störtas , som i följande 1909 brev till Jung som svar på dennes uttryckt rädsla för att Freuds skrifter skulle behandlas som evangelium :
Din förmoda att efter min avresa mina fel kan avgudad som heliga reliker roade mig enormt , men jag tror inte det . Tvärtom , jag tror att mina anhängare kommer att skynda sig att riva så snabbt som möjligt allt som inte är säker och sund i det jag lämnar efter sig . (tuoted i Jones, 1955 , sid. 446)
Freud visade här styrkan i sin tro att det fanns kärnor av evig sanning såväl som agnar i skörden av hans arbete .

ANALYS KONTRA SYNTES
En annan bekant antites i riket av tänkande är analys kontra syntes . Här , var inställningen av uppfinnaren och namer av psyko tydlig och markerat . År 1915 skrev han till Lou Andreas - Salome :

Jag så sällan känner behov för syntes . Den enhet av denna värld tycks mig något själv - förstås , något ovärdigt betoning . Det som intresserar mig är separation och bryta upp i sina beståndsdelar vad som annars skulle flyta ihop till en urtida massa . . . . Kort sagt , jag är tydligen en analytiker och tror att syntesen erbjuder några hinder när analysen har uppnåtts . (1960 , sid. 310)

Men trots det faktum att begreppet den syntetiska funktion egot förknippas mindre med Freud än med Nunberg , är den senares papper med detta namn (Nunberg , 1931) till stor del helt enkelt en ritning tillsammans punkter Freud gjorde i förbigående i många sammanhang. Freud skulle kunna utföra märkliga bedrifter av synthesiling många kopplad factsesee exempelvis hans mästerliga genomgång av den vetenskapliga litteraturen om drömmar (1900 , 1 kap .) Eand han lärde oss en hel del om syntetisk funktion ; ändå , sprang hans förmåga och hans förkärlek till övervägande del i linje med analysen.

dialektik DUALISM
En anledning jag har antagit den antitetiska metoden i denna utställning är att en preferens för motsatta binära begrepp var själv mycket karaktäristiska i Freuds tänkande .
Även i området för konst , starkt föredrog han balansen i klassisk antiguity ; ett brev till Romain Rolland 1930 talar om sin kHellenic kärlek för proportioner " (1960 , sid. 392) . Och i
sin egen teori , är det säkert en slående och väl - känt faktum att hans viktigaste begrepp komma in
matchas motsatta par . Det kanske mest anmärkningsvärda är hans motiverande teori i dess olika

skepnader . Ganska tidigt , urkärnade han omedveten önskan mot förmedvetna cathexis , då den
libidnala kontra egot - instinkter , som pågår till narcissistisk kontra objekt - libido , Eros kontra döds instinkter (eller kärlek mot hat) ; men det var alltid en dubbel enhet teori . Eller
minns kthe tre stora polariteter som dominerar mental Lifei : activityepassivity , egoe yttre världen , och pleasureeunpleasure (. 1915a , s. 140 , betoning Freuds) , till vilken kan tilläggas att av masculineefeminine . Många andra sådana invändningar kommer att tänka på :
guantity kontra guality , autoplastic kontra alloplastisk , ego - syntonisk kontra ego - främling ,
Principen nöje princip verklighet kontra , fri kontra bundna cathexis , och den primära bearbeta kontra den sekundära processen . Det är inte svårt att visa att Freud tänkte om en
kontinuerlig serie av verkliga tankeprocesser mellan de teoretiska ytterligheter i primära och den sekundära processen , men han typiskt använt dem i en dikotom mode . Även när han föreslog triader av begrepp (Cs. , st , och UCS , . . Ego , superego och id) , hade han

en stark tendens att reducera dem till binär form . 1923 Arbetet är , trots allt , med titeln bara Jaget och Id ; och skillnaden mellan medvetet och omedvetet alltid imponerade Freud som Kour en ledstjärna - ljus i mörkret av djup - psychologyi (1923 , sid . 1f) . Termer som ambivalens och konflikt conceptualile detta drag som grundläggande fakta om psykologi . I själva verket kan man hävda att många av de antitetiska dynamiska begrepp är en direkt conseguence av Freuds recogniling hur viktig konflikt var i både normal och patologiska utveckling.

Tolereras motsägelse (SYNTES DEFERRED)
Vidare är Freuds tänkande characteriled av en ovanlig tolerans för inkonsekvens . Om du gick igenom verk av någon författare så produktiv som Freud , skulle du säkert hitta många inbördes motsägelsefulla uttalanden och många propositioner som faktiskt

oförenligt med hans grundläggande antaganden . Men det är inte svårt att hitta andra orsaker till förekomsten av motsägelser i Freuds arbete förutom sin blotta bulk , som är enorm : hans förkärlek för det som jag ska förklara kort som i tur och ordning theoriling och styckevis empirism , som båda är helt klart att vänta från en man med en orientering bort från syntes , och en erkänt slarv med begrepp . Eftersom Jones uttrycker det ,
Han skrev lätt , flytande och spontant , och skulle ha funnit mycket att skriva om irriterande . . . . en av hans främsta kännetecken pwasq sin motvilja mot att hindras eller fjättrade . Han älskade att ge sig upp på sina tankar fritt , för att se var de skulle ta honom , om man bortser för ögonblicket någon guestion av exakt avgränsning ; som skulle kunna lämnas för vidare behandling . (1953 , sid. 33f .)
Visserligen gjorde han skriva och revidera flera av hans böcker flera gånger . Lyckligtvis , den
Standard Edition ger en variorum text och noggrant informerar oss om varje förändring , upplaga av upplagan . Det är inte svårt , därför att characterile Freuds stil revidering av studera Drömtydning , Den psykopatologi i vardagen , och tre
Essäer på Teori sexualitet . Dessa böcker , som först publicerades 1900 till 1905 , gick genom åtta , tio och sex upplagor respektive , alla av dem som innehåller tillsatser från åtmin
stone så sent som 1925 . Således spänner de åtminstone två större perioder i utvecklingen av
Freuds tänkande , däribland en långt - gående förändring av modeller . Men en förklaring täcker
allra flesta revideringarna : tillade han saker . Det var aldrig någon grundläggande omprövning och väldigt lite syntes . Kanske om Freud inte hade haft en så fantastiskt kunskaper i skriftlig kommunikation så att han sällan hade till och med att polera sina första utkast , han
skulle ha omarbetat hans böcker mer grundligt som de gick igenom nya utgåvor . Vid

mest , tillade han en och annan fotnot påpeka oförenlig ett uttalande med senare läror . Även kapitel 7 i Drömtydning , Freuds mest ambitiösa och

viktigt teoretiskt arbete , var kvar nästan orörd förutom interpolationer , efter tinkerings 1915 och 1917 som ångrat möjligheten topografiska regression , även efter det att dumpnings hela topografiska modellen 1923 och ersättas med den strukturella modellen , som inte medger för conceptualilation någon fullständig kognitiv process . Ja, till slut . Kapitel 7 innehåller anakronistisk carry - overs från den neurologiska modellen av opublicerade kProject , jag som hade föregått det med fyra år . Under alla revideringar , Freud elimineras aldrig förfaller till hänvisningar till kneurones , jag kpathways , jag och kguantity.i
Freud byggde teori , då , mycket som Franklin D. Roosevelt konstruerat den verkställande
gren av regeringen : när något inte fungerade mycket bra , han sällan reorganiled ; han bara levererade en annan agencyeor concepteto göra jobbet . Att tolerera detta
mycket inkonsekvens tog säkert en ovanlig förmåga att fördröja den tid då tillfredsställelse av en ordnad , internt konsekvent , logiskt sammanhängande teori kan vara
uppnås. Jämför hans själv - characterilation i följande brev till Andreas - Salome i 1917 ; han hade kontrasterande sig med kthe systemet - buildersi Jung och Adler .
. . . du har sett hur jag arbetar , steg för steg , utan att det inre behov av färdigställande , ständigt under trycket av problemen omedelbart om hand och tar oändliga smärtor inte avledas från vägen . (1960 , sid. 319)

Sju år tidigare hade han skrivit till Jung :
Jag märker att du har samma sätt att arbeta som jag har : att vara på utkik i vilken riktning du känner dig dragen och inte ta den självklara enkla vägen . Jag tror att det är det bästa sättet också, eftersom man är förvånad senare för att hitta hur direkt de omvägar ledde till rätt mål . (tuoted i Jones, 1955 , sid. 449)

Att följa sin näsa empiriskt , lägga till teorin oavsett bitar kanske

falla längs wayethis var det förfarande med vilket Freud kände sig hemma , med sin tro som i slutänden sanningen skulle segra .

Uppfattning om vetenskaplig metod och BEGREPP
Denna attityd var i ett stycke med Freuds grundläggande uppfattning av vetenskapligt arbete . Science
var först och främst en fråga om empirisk observation , som han brukar kontrasteras med

spekulation att den senares vanrykte . Som Freud tänkt det , en spekulativ eller filosofiska ,
Systemet började med kclear och skarpt definierade grundläggande begrepp , i (1915a , sid. 117) och byggde på
denna ksmooth , logiskt oantastlig foundationi (. 1914 , s. 77) en kcomplete och redo - gjort
teoretisk struktur , i (1923 , sid. 36) som kan keasily våren i tillvaron komplett , och därefter vara unchangeablei (1906 , sid. 271) . Men kno vetenskap , inte ens den mest exakta , jag
fungerar så här:
Den verkliga början av vetenskaplig verksamhet består snarare i att beskriva företeelser och
sedan går vidare till gruppen , klassificera och korrelera dem . Även i det skede av beskrivning är det inte möjligt att undvika tillämpning av vissa abstrakta idéer till materialet i
hand, idéer som härrör från någonstans eller annat men absolut inte från den nya enbart observationer . . De måste först nödvändigtvis besitter en viss grad av obestämdhet ; . vi komma överens om deras innebörd genom att göra
upprepade hänvisningar till material av observation som de verkar ha härletts , men på vilken , i själva verket , de har införts . . . . Det är först efter mer grundlig undersökning av observationsområdet som vi har möjlighet att formulera sina grundläggande vetenskapliga begrepp med ökad precision , och successivt så att ändra dem om att de blir funktionsdugliga och konsekvent över ett stort område . Då, ja , tiden kan ha kommit för att begränsa dem i definitioner . Förskottet av kunskap är dock inte tolererar någon styvhet även i definitioner . (1915a , sid. 117)

När tackla ett nytt ämne , alltså :

Istället för att utgå från en definition , verkar det bättre att börja med någon indikation

av intervallet av de fenomen som granskas , och att välja bland dem några speciellt slående och karakteristiska fakta som vårt enguiry kan fästas . (1921 , sid. 72)

Därefter någon psyko inguiry must
. hitta sin väg steg för steg på vägen mot att förstå den invecklade sinnet genom att göra en analytisk dissektion av både normala och onormala företeelser . (1923 . Sid. 36)
Men på grund av komplexiteten i sitt ämne , kan psykoanalysen inte hoppas på guick framgångar :
Den extra intrikat av alla de faktorer som skall beaktas lämnar endast
ett sätt att presentera dem öppna för oss . Vi måste välja först en och sedan en annan punkt

perspektiv, och följa upp den genom materialet , så länge som tillämpningen av det tycks
ge resultat . Varje särskild behandling av ämnet kommer att vara ofullständig i sig , och Det kan inte undgå att bli oklarheter när det berör material som ännu inte har varit behandlad ; men vi får hoppas att en slutlig syntes kommer att leda till en riktig förståelse .
(1915b , sid. 157F .)

Sanningen , då uppnås , kommer att vara enklare :
... Vi har inget annat syfte , men att översätta i teorin resultatet av observationen , och vi förnekar att det finns någon skyldighet för oss att uppnå på vårt första försök en väl - rundad teori som kommer att berömma sig själv genom sin enkelhet . Vi ska försvara de komplikationer av vår teori så länge vi tycker att de uppfyller resultaten av observationen , och vi kommer inte att överge våra förväntningar leds i slutet av just de komplikationer till upptäckten av ett tillstånd som, även enkla i sig , kan redogöra för alla de komplikationer av verkligheten . (1915c , sid. 190)
Freud visade således en förmåga att tolerera , utöver inkonsekvens och fördröjning , betydande begrepps obestämdhet eller , i terminologin i dag , tvetydighet . kit är sant , jag han var redo att erkänna , kthat begrepp som det av en ego - libido , en energi av

ego - instinkter , och så vidare , är varken särskilt lätt att förstå , eller tillräckligt rik på content.i Ändå skulle psyko kgladly innehåll själv med dunkla , knappt tänkbara grundläggande begrepp , som man hoppas att uppfatta tydligare under dess utveckling , eller som den är till och med beredd att ersätta med othersi (1914 , sid. 77) . notera
skyldighet anges här , som följer tillräckligt tydligt från sin position angående definition , för en periodisk begrepps inventering ; om konsekventa och användbara definitioner aldrig fälla
ut , bör begreppet överges . Som vi har sett , men en sådan process för regelbunden översyn var guite oförenlig med Freuds stil att arbeta och tänka, och han sällan kasse begrepp när han lagt till nya. Det är lite sorgligt , men inte överraskande , att hitta att instinkter , som 1915 (1915a , sid. 117f .) var kat för tillfället . . . fortfarande något dunkel , jag var characteriled 1f år senare som kmythical enheter , magnifik i sin indefinitenessi (1933 , sid. 95) .
För några år sedan bestämde jag mig för att prova min hand på denna vanning process , med en av
Freuds centrala men tantalilingly sjuk - definierade begrepp (bindningen av cathexis , se Holt ,
1962) och efter det genom sina skrifter för att se vilken typ av definition uppstod . Den arbetskraft att hitta och sammanställa de sammanhang där det inträffade , och educing de 14 olika
betydelser som jag kunde discernel har hittat ytterligare andra sedan thenuewas stor tillräckligt för att jag realile att om Freud hade åtagit sig att arbeta sina egna teorier över

kontinuerligt på detta sätt , efter några år skulle han inte ha haft tid att analyle mer patienter , än mindre skriva något nytt . Det är sant , jag kunde sålla ut en kärna mening till min egen tillfredsställelse , men det återstår att se om många psykoanalytiker blir övertygad om att de bör överge den andra Dolen eller så typer av användning . Med Freuds fri - och - enkelt exempel för prejudikat , en del tycker att det är lätt att motivera att förhala den onda dagen

när det gäller att börja ha bestämda , begränsande betydelser . Hittills har jag emphasiled det medvetet provisorisk , trevande natur Freuds theoriling , hans avsiktliga som förnekar varje försök att bygga en komplett och internt sammanhängande system , till förmån för styckevis empirism insteadeguite en kontrast till den bild av Freud som den dogmatiska systematiker som skulle bäck ingen avvikelse från en stel kparty linje '' av theoryu Men denna populära föreställning har sina rötter i själva verket också . För det första verkar Freud ha haft en fluktuerande , aldrig explicit uppsättning normer om vilka delar av psykoanalysen hade bevisats , som bara han kan förändras ostraffat , och vilka delar var modifierbara av andra. Trogen sin agglutinative principen om revidering , välkomnade han tillägg så länge de inte uttryckligen kräver omprövning av begrepp och propositioner som hade kommit för att verka grundläggande och nödvändig . Således Adlers idéer om organ underlägsenhet och viljan till makt var godtagbara tills lärjungen började insistera på att de drabbade samman med libido teori och krävde den senares drastisk revidering .

STYLE av teoretiserande
Tuite bortsett från Freuds relation till bidrag från andra (en fråga som är uppenbarligen en mycket mer komplicerad än den ovan kort diskussion som verkar antyder) , finns det grunder för befruktningen av Freud som en doktrinär dogmatiker i vissa
stilistiska egenheter i hans egna theoriling . Låt mig summarile först och sedan expandera , med
exempel. Freud var förtjust i att ange saker kas det var , dogmaticallyein den mest koncisa
bilda och i den mest uneguivocal termsi (1940 , s. 144 .); indeed , överdrift var en av hans
favorit retoriska enheter. När han trodde att han skymtade en naturlag , förklarade han det
med svepande universalism och allmängiltighet . Han var också förtjust i att utvidga begrepp att

gränsen för deras möjliga användbarhet , som om stretching rike fenomen överbryggas av
ett koncept var ett sätt att göra den mer abstrakt och användbar. Hans enhet för flyr farorna med förenkling att som detta mönster utsatt honom var att följa en plan uttalande med en annan som qualified det genom partiell motsägelse . Därför inkonsekvens i många av Freuds propositioner är endast skenbar . Han var mycket väl medveten om att ett uttalande lossade annan och använt sådana seguences som ett sätt att låta en
rikt komplicerat begrepp växa i läsarens sinne som överväganden var introduceras en åt gången.
Här är alltså en orsak till att Freud är på en gång så härligt lätt att läsa , och så lätt att missförstå , i synnerhet när påståenden är tagna ur sitt sammanhang . Hans syn på mänskligt beteende var ovanligt subtila , komplexa , och många - lager ; om han hade försökt att ställa in den
fram i meningarna i parallell komplexitet och hierarkisk struktur , skulle han ha gjort Dr Johnson ser ut som Hemingway . Istället skriver han helt enkelt , direkt , med kraft ; han
dramatiles genom storslagen överdrift , anger i hård svart skisserar vad han anser den grundläggande sanningen om en fråga som läsarens inledande orientering . Sedan fyller han i skuggor ;
eller , av ett annat djärvt enkla stroke , visar plötsligt att blanketter är placerade på olika plan . Så småningom , en tre - tar dimensionell verklighet form inför ögonen på den som vet hur man läser Freud .

Här är ett exempel på en första platt uttalande, följt av gualifications :
Det sätt på vilket drömmar behandla kategorin motsats och contradictories är mycket anmärkningsvärt. Det är helt enkelt ignoreras . "Nej" verkar inte så långt som drömmar är berörda existerar . (1900 , sid. 31f)

Jag har hävdat ovan att drömmar inte har möjlighet att uttrycka förhållandet mellan en

motsägelse , en strid eller ett " nej . " Jag övergår nu till att ge en första förnekande av detta påstående . Vdet idé om hjust det omvända " är plastiskt representerade som något vände sig från sin vanliga orientering .) (s. 326)
... Den hhnot att kunna göra somethingn i denna dröm var ett sätt att uttrycka en contradictionea hno'e ; så att mitt tidigare uttalande om att drömmar inte kan uttrycka en nnon reguires korrigering , (s. 337)

(En tredje ndenialn visas på sid. 434 .)

Kanske en ännu mer bekant svepande generalilation är följande :

Psycho --- analys är rättvist misstänksam . En av reglerna är att oavsett avbryter utvecklingen av analytiskt arbete är ett motstånd . (1900 , sid. 517) Mindre ofta guoted är Freuds fotnot , där han gör denna statementeso upprörande för många en analylanduemore välsmakande ; det är . enkelt öppna till missförstånd . Det är naturligtvis bara tas som en teknisk regel , som en varning till analytiker . Det kan inte bestridas att i samband med en analys olika händelser kan inträffa för vilket ansvaret inte kan läggas på patientens avsikter . Hans pappa kan dö utan att han hade mördat honom ; eller ett krig kan bryta ut vilket innebär att analysen till ett slut . Men bakom den uppenbara överdrift att proposition är att hävda något som både sann och nytt . Även om den avbrytande händelse är en verklig och oberoende av patienten , ofta beror det på honom hur stor avbrottet orsakar ; och motståndet visar sig otvetydigt i beredskap med som han accepterar en händelse av detta slag eller överdrivna bruk som han gör av den. (min kursivering) Allt för ofta (och tyvärr svåra att illustrera genom guotation) , mjuknings uttalande efter den initiala overgeneralilation inte uttryckligen påpekat, kanske inte följer mycket snart , eller inte är uppenbart relaterad . För Freud , men detta var ett medvetet strategi för vetenskapliga framsteg ; de omvandlingar av vetenskapliga yttranden är utvecklingen ,

inte revolutioner . Ett lag som hölls till en början att vara allmängiltig visar sig vara ett specialfall av en mer omfattande likformighet , eller begränsas av en annan lag , som inte upptäcks förrän senare ; en grov uppskattning till sanningen ersätts av ett mer omsorgsfullt anpassat en, vilket i sin tur väntar ytterligare finslipa (jfr 1927 , s. 55.) . Många exempel på påståenden som formulerats med arrestera överdrift kan lätt bli hänvisas . Utifrån vår analys av egot det inte kan betvivlas att i fall av mani egot och egots ideal har smält samman . (1921 , sid. 132)

. . . hysteri . . . är fråga endast med patientens tryckta sexualitet . (1906 , sid. 27f) . ingen kan tvivla på att den hypnotisör har klivit in i stället för egot ideal . (1921 , s. 114.) Det är säkert att mycket av egot i sig är medvetslös , och framför allt vad vi kan beskriva som dess kärna ; endast en liten del av den omfattas av termen kpreconscious.i (1920 , s. 19).

Strachey bifogar följande ganska roande fotnot till ovanstående passage : . I sin nuvarande form denna mening är från 1921 I den första upplagan (1920) den sprang : kit kan vara att mycket av egot i sig medvetslös ; endast en del av det , antagligen , omfattas av begreppet hpreconscious " . i.

I det här fallet tog det bara ett år för en försiktig sannolikhet att bli en visshet .

I andra fall tar överdrift form av en bekräftelse av en underliggande enhet där endast en korrelation observeras :
Alla dessa tre typer av regression ptopographical , temporal och formalq finns emellertid en i botten och uppträda tillsammans som en regel ; för det som är äldre i tid är mer primitiv
till form och psykisk topografi ligger närmare den perceptuella änden. (1900 , sid. 54f)

Alltför ofta tar svepande formulering i form av en deklaration om att något liknande Oidipuskomplexet är universell . Jag tror att Freud var mindre intresserade av att göra en empirisk generalilation från hans begränsade data än i famlar på detta sätt för en grundläggande naturlag . Eftersom Jones summariles skrivelsen av den 15 oktober 1f97 , till Fliess ,
Han hade upptäckt i sig passionen för sin mor och svartsjuka av sin far ; Han var säker på att det var en allmän mänsklig egenskap och att från det man kunde förstå den kraftfulla effekten av Oidipus legenden . (Jones, 1953 , sid. 326)

Återigen , fyra år senare , generaliled han universellt från hans eget fall :
Det går alltså igenom mina tankar en kontinuerlig ström av " personlig referens , " av som jag har i allmänhet ingen aning , men som avslöjar sig genom sådana fall av min glömmer namn . Det är som om jag var tvungen att jämföra allt jag hör om andra människor med mig själv ; som om mina personliga komplex sattes på alerten när en annan person kommer till min kännedom . Det kan omöjligen vara en enskild egenhet av min egen : det måste snarare innehålla en uppgift om det sätt på vilket vi förstå ksomething andra än själv " i allmänhet. Jag har skäl att tro att andra människor är i detta avseende mycket lik mig . (1901 , s. 24).
För den samtida psykolog , utbildad för att vara försiktig med generaliling från små prover , verkar det audacious till punkten för dumdristighet att hoppa från själv - observation till en
allmän lag . Men Freud var modig av det faktum att han hade att göra med avgörande frågor :
Jag känner en grundläggande aversion mot ert förslag att mina slutsatser pabout den sexuell etiologi av neurosisq är korrekta , men endast för vissa fall . . . Det är inte mycket
väl möjligt. Helt eller inte alls . De handlar om sådana grundläggande frågor att de inte kunde vara giltigt för en uppsättning av endast fall . . . . Det finns bara vår typ annars
ingenting alls känt. En fond måste vara av samma åsikt . Så nu har jag bekände alla mina fanaticismu (Brev till Jung , April 19, 1909 , . på Jones , 1955 , s. 439)

Kom ihåg att även det faktum att Freuds ursprungliga vetenskapliga insatser skedde innan avsevärt uppfinningen av statistik , samplingsteori, eller experimentell design . I

sina tidiga dagar , då han var mest trygg i sin roll som vetenskapsman , var Freud studerade neuroanatomi vid mikroskopet , och gillar hans respekterade lärare och kollegor , generaliling fritt och automatiskt från prover av oneu
Även då påminna om att Freud var promulgator principen exceptionless determinism i psykologi : alla aspekter av beteende var lagligt , trodde han , vilket gjorde det
lätt för honom att blanda ihop (a) den universella tillämpningen av abstrakta lagar och begrepp med
(b) den universella förekomsten av empiriskt observerbara beteende seguences .
Slutligen är vi så vana att överväga Freud en kpersonality teoretiker " att vi glömmer hur lite intresserad han var i individuella skillnader mot allmänna principer . Han skrev en gång till Abraham :
kPersonality " . . . är en ganska obestämd uttryck tas från ytan psykologi , och det bidrar inte mycket till vår förståelse av de verkliga processerna , dvs metapsychologically . (tuoted i Jones, 1955 , sid. 43f)
Trots att han skrev stora fallbeskrivningar , använde han dem för att illustrera sina abstrakta formuleringar , och hade ingen övertygelse om det vetenskapliga värde eller intresse enda fall än som en möjlig källa till nya idéer .
Benägenheten att generalile sweepingly kan ses även i Freuds tendens att tänja gränserna för sina koncept . Bäst - känd , inte säga mest ökända exemplet är det av sexualitet . I hans tidigaste papper , det ksexual etiologi neuros " betydde bokstav
förförelse, alltid involverar stimulering av könsorganen. Snarare guickly , i tre

Essäer , konceptet utvidgades , först till att omfatta alla de kpartial enheter , jag bygger på
oral , anal , och falliska - urinrör erogena Lones , plus ögat (för voyeurism och exhibitionism) . Men när han fann fall där andra delar av kroppen verkade tjäna funktionen av könsorgan , Freud utvidgat begreppet erogena ensam att omfatta påståendet att alla delar av huden , plus alla de känsliga inre organ , kan ge upphov till sexuell excitation . Vidare Kall jämförelsevis intensiva affektiva processer , bland annat även skrämmande sådana, dike vid sexualityi (1905b , s. 203 .) ; och slutligen :
Det kan mycket väl vara så att ingenting av väsentlig betydelse kan uppstå i organismen
utan att bidra viss komponent till excitation av sexuell instinkt , (s. 205)
En liknande process verkar ha pågått i Freuds sammanblandning av de skillnader mellan de
olika ego drifter , och att mellan ego drifter och narcissistisk libido, som var
lösas genom hans äntligen sätta ihop allting i begreppet Eros , den livsinstinkt.

METOD FÖR ARBETE
Med hittills kartlagt några av de allmänna dragen i Freuds tänkande och hans stil vetenskaplig theoriling , låt oss nu fråga hur han arbetade med sina uppgifter . Hittills har vi bara sett

att han betonade observation som främsta verktyg för vetenskaplig empirism . hans mest
viktigt tålamod , låt oss komma ihåg , var sig själv .

I hans själv - analys (särskilt under slutet 1f90 s) , gjorde han sina grundläggande upptäckter : innebörden av drömmar , den Oedipus
komplex , barndom sexualitet , och så vidare . Detta faktum bör påminna oss om sin gåva för själv -
observation. Det var naturligtvis en ålder av utbildad introspektion som en vetenskaplig metod för
akademiska psykologer ; men det var något annat igen . Freuds själv --- observation var av
den typen som vi kallar psykiskt - minded ; han var ingen phenomenologist , nyfiken på

råa givna av erfarenhet eller är intresserade av analyling data av medvetenhet i deras
kpresentational omedelbarhet " (Whitehead) . Även när man tittar inåt , försökte han
tränga igenom ytan av vad han fann där , för att leta efter orsaker i form av önskemål ,
påverkar , förhoppningar, fantasier och resterna av barndomens känslomässiga
upplevelser . Tänk hur lite man någonsin hört talas om sådana frågor från Wundt eller
Titchener , och det blir uppenbart att Freuds kognitiva stil spelat en roll i hans unigue
användning av ett gemensamt instrument .
Observation , när det tillämpas på hans andra patienter , innebar först och främst användningen av fri
förening . Patienten uppmuntras att rapportera allt om sig själv utan att
censur , så att analytikern kan observera direkt kampen för att följa detta
synes enkla reguest , och observera indirekt det bredaste utbudet av viktiga livs
erfarenheter som rapporterats . Men dessa terapeutiskt viktiga fakta , och ännu mer
viktiga manifestationer av den överföring som utvecklades i själva mellanmänskliga
situationen för behandling , var oftast begravd i en höstack av triviala detaljer . Freud
därmed fått utveckla sig till ett mycket selektivt instrument som vid samma
tid var så mycket som möjligt utan snedvridning. Lösningen han antog , att av en kevenly -
svävande uppmärksamhet " (1912a , sid. 111) , matchas i sin skenbara unselectiveness attityden
manade på fritt associera patienten ; i båda, bekräftade teorin att processen för
suspendering konventionella normer för medveten dom skulle låta omedvetna krafter
styra produktionen och mottagning av data . Endast en man med ett grundläggande förtroende för
djupet av sitt eget väsen skulle ha varit villig att låta sin medveten intelligens delvis
abdikera på detta sätt.

Den huvudsakliga verksamheten i analytikern , Freud angav , var att erbjuda tolkningar av patientens produktioner . På ett sätt , dessa utgör en första nivå på conceptualilation (det vill säga en första behandling av uppgifter) samt en intervention som beräknades för att producera ytterligare och förändrade material från patienten . I den senare behandlingen av de ackumulerade uppgifter om ett ärende , och även för andra typer av data , spelar tolkning en avgörande roll ; i vissa avseenden , är det det som ger psyko sin unigue karaktär som ett sätt att inguiry i mänskligt beteende . Huruvida Freud erbjöd tolkningen till patienten eller bara använt det i sin formulering av de väsentliga inslag i det fallet tog det ofta den genetiska formen av en historisk rekonstruktion av seguences av kritiska händelser i patientens förflutna . Här ser vi ett karakteristiskt inslag i Freuds tänkande : användning av historiska (snarare än ohistoriskt) kausalitet . Sedan Kurt Lewin har modet inom psykologin varit starkt för ohistoriskt kausalitet , även om den historiska formen har nyligen kraftigt argumenterat på ett mycket sofistikerat sätt (Culbertson , 1963) .

Som Freud använde tolkning i strikt mening , var det i huvudsak en process av översättning, i vilka betydelser i patientens beteende och ord ersattes med en mindre antal andra betydelser beroende på mer eller mindre specifikt identifierbara regler (Holt , 1961) . Men

dessa regler var lös och märkliga , för de införlivades antagandet att patientens kommunikation hade utsatts för en uppsättning (till stor del defensiva) snedvridningar enligt

det irrationella primära processen . Analytikern uppgift var därför att vända de snedvridningar

i avkodning patientens produktioner i syfte att urskilja arten av hans omedvetna konflikter och hans sätt kämpar med dem . Det är sålunda ett förfarande för upptäckt.

med den

smärre undantag av ett antal återkommande symboler , kan reglerna för sådan avkodning vara

framgår endast allmänna termer , och en hel del är kvar att analytikerns kreativ användning av sin egen

primära processen .

Tolkning är därför naturligtvis svårt att använda och lätt att missbruk , som Freud visste mycket väl . En av hans favorit kritik av oliktänkande tidigare anhängare var att deras tolkningar var godtyckliga eller långsökt .

Vad då , var hans kriterier för att skilja djup och insikts från enbart ansträngd och fjärr interpretationss De mest detaljerade diskussioner som jag har hittat på

denna guestion går tillbaka till mitten 1f90 -talet, då Freud försvarade sin teori att neuros orsakades av den bortträngda trauman av faktisk sexuell förförelse i spädbarnsålder . Han gav

ett antal kriterier , som den typ och mängd påverkar och motstånd visas , genom vilken han

försäkrat sig om att de tolkningar (eller historiska konstruktioner) som han erbjuder sin patienter i denna riktning var giltiga , och att tro rapporterna från några av dem som initialt stimulerade honom till uppsats detta synsätt . Men som vi vet , ingen av de förmodade garantier var tillräcklig ; Freud äntligen beslutat att avvisa krecollectionsi som fantasier . Till denna dag , tillhandahålla kriterier för bedömning av tolkningarna är fortfarande en av de stora olösta metodproblem i alla skolor i psykoanalys .

Metod för att bevisa PUNKTER (KONTROLL)
När han hade gjort sina tolkningar och genetiska förklaringar till hans olika typer av data till sin egen tillfredsställelse , hade Freud bildade hans huvudsakliga hypoteser . Nu han satte igång att bevisa dem . Låt oss undersöka hur han försökte etablera sina poäng genom packete sitt vittnesmål och hans argument .
Överraskande , han använde ofta vad som egentligen är statistiskt resonemang för att göra sina poäng. Visserligen tar det i allmänhet den enkla formen av att försäkra läsaren om att han har sett fenomenet i guestion upprepade gånger :

Om det var en guestion av ett fall endast likt min patient , skulle man rycka den åt sidan . Ingen skulle drömma om att uppföra på en enda observation en tro som innebär ett så betydelse linje . Men du måste tro mig när jag försäkrar er att detta inte är det enda fallet i min erfarenhet . (1933 , s. 42).
Många psykologer verkar ha intrycket att Freud freguently bygger större propositioner om enstaka fall ; men jag har noga sökt alla hans stora fallbeskrivningar för
instanser , och har funnit none.5 Han skrev redan i fallet med Dora , kA enda fall kan aldrig kunna bevisa ett teorem så allmän som denna onei (1905c , sid. 115) . i hans tidigaste psykoanalytiska papper , Freud och om igen guoted sådan statistik som följande:
. mitt påstående. . . stöds av det faktum att i vissa arton fall av hysteri jag har kunnat upptäcka denna anslutning i varje enskilt symptom , och , när omständigheterna tillät , för att bekräfta det genom terapeutisk framgång . Ingen tvekan om att du kan invända att det nittonde eller tjugonde analys kanske kommer att visa att hysteriska symtom härrör från andra källor, och därmed minska den universella giltighet sexuell etiologin till en av åttio procent . Med alla medel låt oss vänta och se ; men , eftersom dessa arton fall är samtidigt alla de fall som jag har kunnat utföra arbetet med analysen och eftersom de inte har plockat ut av vem som helst för min bekvämlighet, kommer du att finna det förståeligt att jag inte delar sådana förväntningar , men är beredd att låta min tro springa före beviskraftenav observationerna hittills har jag gjort . (1f96 , sid. 199f .)
Boring (1954) har påpekat att det i en sådan användning av statistiska resonemang som detta , Freud
inte för längre än Mill metod för avtal, som är hans mest elementära och minst

pålitliga kanon av induktion . I uppsatsen har jag precis guoted ansåg Freud det möjligheten att använda kärnan i Mill rekommenderade gemensam metod för överenskommelse och

5 Se ovan , dock , för exempel på hans generaliling fritt från själv - observation . Tydligen den inneboende tvingande karaktären av introspektiva data som förbigick hans allmänna försiktighet .

oenighet . Det kommer att invända , säger han , att många barn är förförd , men blir inte hysterisk , som han gör för att vara sant , utan att underminera hans argument ; för han jämför förförelse till ubiguitous tuberkelbacillerna som kinhaled av långt fler människor än visar sig bli sjuka av tuberculosisi (s. 209) , men den bacill är den specifika faktorn för de diseaseeits nödvändiga men inte tillräckliga skäl . Han övervägde möjligheten att det kan finnas hysteriska patienter som inte har genomgått förförelse men guickly avskedade den; sådana förmodade fall inte hade psychoanalyled , så påståendet inte hade bevisats . Till slut , alltså , Freud menade helt enkelt sin väg ut ur nödvändigheten av att överväga någon men hans egna positiva fall , och var därför inte kan använda statistiska resonemang i någon övertygande eller tvingande sätt .

I själva verket , referenser i sina papper till antalet ärenden som behandlas hoppade nästan helt efter 1900 ; stället , finner man självsäkra guasi - guantitative påståenden av detta slag : kThis upptäckt , som var lätt att göra och kunde bekräftas så ofta som man velat . . . i. (1906 , s. 272 .) , eller sådana allvarliga förmaningar som denna :
Lärorna i psyko är baserade på ett oräkneligt antal observationer och erfarenheter , och bara någon som har upprepat dessa observationer på sig själv och den andra är i stånd att komma fram till en bedömning av hans eget på den. (1940 , sid. 144)
På lång guotation från 1f96 strax ovanför , notera inträde av en annan egenskap läge argument som ofta används av Freud : teorin bevisas av dess terapeutiska framgångar . Ibland anges med vad vi har sett att vara karakteristisk överdrift :
Det faktum att i technigue av psyko - analys ett sätt har konstaterats genom vilken motkraft POF anticathexis i repressionq kan tas bort och idéerna i guestion gjort medvetet gör denna teori ovedersägliga . (1923 , s. 14).

Jag kunde guote många avsnitt där samma allmänna typ av argument görs :
Freud citerar som kproofi eller som kconfirmationi en uppsättning omständigheter som inte syftar till att
öka sannolikheten att uttalandet är sant , men inte spika ner det i en noggrant sätt . De slutliga bevismedel , för Freud , var den enkla ostensiv en :
Vi får veta att staden Konstanz ligger vid Bodensjön . En student sång tillägger : KIF du inte tror det , gå och se " Jag råkar ha varit där och kan bekräfta det faktum r (1927 , s. 25 .) .

På många platser , Freud tillämpat denna grundläggande princip om verkligheten testa att psychoanalysise om du inte tror , gå och se själv ; och tills du har analyled och helst också har utbildats för att utföra psychoanalyses andras själv , du har ingen grund att vara skeptisk .
Freud såg inte att promulgator av ett påstående tar på sig bevisbördan för det . Det är tveksamt om han någonsin hört talas om nollhypotesen ; säkerligen hade han ingen uppfattning om den sofistikerade metod som denna märkliga termen connotes . På flera ställen , han , så att säga , guite oskyldigt avslöjar sin omedvetenhet som för empiriska påståenden som skall tas på allvar , bör de i princip kan motsägas . Till exempel , efter att hävda att ka önskan som representeras i en dröm måste vara en infantil en, i (. 1900 , s. 553 , kursivering är Freuds) , anmärker han :
Jag är medveten om att detta påstående inte kan bevisas att hålla universellt ; men det kan bevisas att hålla freguently , även i oväntade fall , och det kan inte motsägas som ett allmänt förslag . (1900 , sid. 554)
Åtminstonei denna passage han visade realilation som en universell proposition inte kan bevisas ; men senare var han för att hänvisa till en annan sådan

regeln i Drömtydning . . . pasq sedan bekräftade bortom allt
tvivel , att ord och tal i drömmen - innehåll är inte nyligen bildats . . . (1917 , sid. 22f)
Sant, alla färska exempel på en påstådd universell proposition inte stärka sin trovärdighet och sannolikheten för att den är trovärdig . Om vi håller i minnet att inget mer är tänkt i psykoanalytisk skriftligen av påståenden om bevis , skall vi vara på relativt säker mark .
Freud brukade inte skriva som om han kände till skillnaden mellan att bilda hypoteser och testa dem . Ändå var han medveten om det , och ibland var tillräckligt blygsam om utforskande karaktären av hans arbete :
Denna uppfattning har alltså kommit fram till genom slutledning ; och om det från en slutsats av detta slag
en leds , inte en bekant region , utan tvärtom , att en som är främmande och nytt för en tanke, kallar man den slutsatsen en khypothesisi och med rätta vägrar att betrakta förhållande av hypotesen att det material den var slutsatsen som en kproofi av det . den kan endast betraktas som kprovedi om det nås genom en annan väg och pN.B. : cross - validationuq och om det kan visas att vara knutpunkten för ytterligare andra anslutningar .
(1905a , sid. 177f .)
Jag har granskat Freuds metoder för arraying sina data och resonemang om dem i ett försök att bevisa sin poäng på två sätt : genom att göra en allmän samling när jag kom över tillfällen då han drog slutsatser explicit , och genom en noggrann granskning av alla hans argument för begreppet psykisk medvetslös i två av hans stora tidningar , kA Anmärkning om det omedvetna i Psychoanalysii (1912b) och kThe Unconsciousi (1915c) . Det skulle vara jobbigt och tids - ödande att dokumentera mina analyser av hans former av argument ; Jag ska bara ge min slutsats .

Det är , guite helt enkelt , att Freud sällan visade något i en strikt bemärkelse .

Han utsätts sällan hypoteser för den typ av tvär - validational kontrollera att han förespråkade i sista passagen guoted . Han är ofta övertygande , nästan aldrig tvång så . Han var guite redo att använda enheter som han talade om ringaktning i hans skarpa critigues av det resonemang som används av hans motståndare: den auktoritära dictum , tiggeri guestion , argument analogt , och drar sig tillbaka till diskussionen om kmatters som är så långt från problemen med vår observation , och som vi har så lite cognilance , att det är så sysslolös att bestrida . . . så att affirmi dem (1914 , sid. 79) . Egentligen , vad Freud gör är att utnyttja alla resurser retorik . Han backar upp ett allmänt uttalande från en talande exempel där det är uppenbart operativ ; Han konstruerar rimliga kedjor av orsak och verkan (efter principen om post hoc ergo propter hoc) , argumenterar han i ännu högre grad ; och han använder enthymemes dra motiverade slutsatser . En enthymeme motsvarar retorik att syllogismen i logic.6 I det, en premiss är ofta, men inte nödvändigtvis är undertryckt, och, till skillnad syllogismen , är det en metod för att upprätta sannolik snarare än exakt eller absolut sanning . Vidare försöker han att vinna vår överenskommelse med en avväpnande direkthet personlig adress , och genom att kliva in i rollen som motståndaren att ta upp svåra argument mot sig själv , varefter hans punkter i vederläggning verkar allt mer talande . Hans skrivande är levande med metafor och personifiering , med blixtar av intelligens , poetiska flygningar till utökade analogier eller liknelser , och många andra sådana enheter för att undvika en konsekvent abstrakt nivå av diskurs . När resonemang i ett antal av hans enthymemes i kThe Unconsciousi är

6 För exempel , se de avsnitt guoted från Freud (1901 , på sid . 45 ovan , och nästa passage guoted , på sid. 46) . ovan.

noggrant precise , är det överraskande svag och involverar flera icke sequiturs . I sina försök att motbevisa andra , han freguently använt sig av retoriska anordning för att göra den andres argument verkar osannolik genom att vädja till sin implausibility till sunt förnuft och vardagliga observationer . För det första , pRankq han antar att barnet har fått viss sensorisk intryck , särskilt på en visuell slag , vid tiden för födelsen , förnyelse av vilket kan återkalla sitt minne traumat av födelse och därmed framkalla en reaktion på ångest . Detta antagande är guite ogrundade och ytterst osannolikt . Det är inte trovärdigt att ett barn

bör behålla någon men taktila och allmänna förnimmelser i samband med processen för
födelse .
(1926a , sid. 135)

ANVÄNDNING AV tale
Eftersom jag har ett särskilt intresse för tale , jag ägnade särskild uppmärksamhet åt hur
Freud använde denna retoriska enhet . Redaktörerna för Standard Edition har gjort
uppgiften relativt lätt genom indexposter för varje volym , under rubriken kAnalogies.i
Plocka två volymer mer eller mindre slumpmässigt (Wii och WIV) , jag tittade upp de
31 analogier så indexerad och försök att se på vilket sätt Freud anställd dem .
Som en professor i retorik (Genung , 1900) har sagt , kThe värde både exempel och
i analogi är trots allt ganska belysande än argumenterande ; de är i verkligheten
instrument
av utläggning , som används för att göra ämnet så klart . . . att män kan se sanningen
eller fel
av det för themselves.i För det mesta , i dessa två volymer Freud användes analogier
som
kinstruments Exponerings , jag ingick efter ett argument hade varit helt angav i sitt
egna villkor , att lägga till livlig , visualilable konkretion ; några av dem är små skämt , att
lägga till en
Rör av komisk lättnad att lätta läsarens börda . Ibland , dock analogin flyttar
i det sedvanliga argumentet och serverar en mer direkt retoriskt syfte; detta är

sant , överraskande nog , en bra affär oftare i Vol . WIV , som innehåller den strama
metapsychological papper , än i Vol . Wii , till stor del ägnas åt fallet Schreber och
uppsatser om technigue . Det visar sig dock att den argumenterande användningen av
analogi före
till stor del i de polemiska passager där Freud försöker att motbevisa den huvud
argument med vilka Jung och Adler avhuggna sina band till klassisk psykoanalys ;
mestadels ,
Det sker i form av förlöjligande , en form av misskreditera en motståndare genom att
göra hans argument
verkar skrattretande snarare än att möta det på sina egna grunder . Det är inte svårt att
förstå
hur arg Freud måste ha känt på apostasies i snabb följd av två av hans mest
begåvade och lovande anhängare , så att starkt påverka haft sin vanliga verkan att
försämra
nivå av argumentation .
Freud använde analogier i två andra möjliga sätt i metapsychological tidningarna ,
dock . I några få fall verkar analogi ha spelat rollen av en modell . Det vill säga,
när han skrev att kThe komplex av melankoli beter sig som ett öppet sår , dra till
självt. . hanticathexes " . . . från alla riktningar, och tömning av ego tills det är helt
utarmade " (1917 , sid. 253) , återupplivade han en bild som han hade använt i en
opublicerad

utkast , skriftlig och skickas till Fliess 20 år tidigare (1ff7 - 1902 , s. 107f .). ; Dessutom var han

använda den igen fem år senare i teorin om traumatisk neuros (1920 , sid. 30).

Intressant

nog , i inget av dessa versioner gjorde Freud säger explicit vad det handlar om ett sår som

gör den till en användbar analog. Men självklart hade han i åtanke det sätt som leukocyterna

samlas kring marginalerna för en fysisk skada , en medicinsk mekanism av försvar som kan

mycket väl vara en huvudsaklig ana begreppet psykiska försvarsmekanismer. Visst det bildas

en viktig mönster av Freuds tanke, en som direkt påverkade den typ av psykologiska konstruktioner han åberopade och en del av vad han gjorde med dem .

Den andra användningen av en utökad tale inte anställa en analogi i strikt känsla och så är inte indexeras. (I själva verket är de allra flesta av Freuds analogier inte indexeras ;

bara de utdragna de som liknar episka liknelser . Men texten är så tät med troper av ett eller annat slag som en komplett index skulle vara opraktiskt enorm .) Jag är med hänvisning till ett exempel på en karakteristisk freudiansk anordning, kscientific myt, i som han

kallas den bästa - kända exemplet , legenden om den ursprungliga horden . Nära början av

kInstincts och deras Vicissitudesi (1915a) , med beaktande av drivkonceptguite abstrakt utgångspunkt från fysiologi , och i förhållande till begreppet kstimulus , plötsligt säger jag han :

Låt oss föreställa oss i situationen för en nästan helt hjälplös levande organism , ännu Oorienterat i världen , som tar emot stimuli i sin nervösa ämne, (s. 119)

Vilken arrestera imageu Och notera att detta är inte bara en vanlig talesätt , där människan jämförs punkt för punkt till en hypotetisk primitiv organism . Istället här vi får en inbjudan till identifikation . Freud uppmuntrar oss att anthropomorphile , att föreställa sig hur det skulle vara om vi , som vuxna och tänkande människor , var i hjälplösa och

utsatt position han fortsätter med att skissa så grafiskt . Det förefaller naturligt , därför , när han

lätt attribut till den lilla MIKROSKOPISKT DJUR inte bara medvetandet utan själv - awarenessean

attribut vi realile , på nykter eftertanke , för att vara en uniguely människa och ganska sofistikerad

prestation . Hans inledningsfrasen dock bjuder oss på en gång för att avbryta misstro och

avstå från de vanliga reglerna för vetenskapligt tänkande . Det är som ett barns Klet låtsas " ; Det leder oss till
förväntar sig att detta inte är så mycket ett sätt att driva sitt resonemang framåt som en tillfällig
belysande utvikning ; som hans vanliga analogier , en illustrerad semester från hårda teoretiska

tänkande . Vi upptäcker snart att han använder denna suspension av reglerna som ett sätt att låta sig själv en frihet och smidighet av resonemang som annars inte skulle vara acceptabelt . Och ändå fortsätter han därefter som om den punkten hade bevisats på ett rigoröst sätt .
Föreställningen om en helt sårbar organism som simmar i ett hav av farligt energier var en annan återkommande bild som verkar ha gjort ett djupt intryck på Freud . Den spelar en ännu mer kritisk roll i utvecklingen av hans argument i Bortom Lustprincipen , även om det införs i en något soberer mode (Klet oss bilden en levande organism i sin mest förenklade möjliga formen som en odifferentierad vesikler av en
substans som är känslig för stimulationi ; 1920 , sid. 26) . Men han inte uttryckligen presentera
det som en hypotes om naturen av den första levande organism; i själva verket blir det aldrig
guite klart precis vad för slags existentiell status denna kvesiclei har . Freud fortsätter med några
utvikningar att anta att organismen skulle dödas av kmost mäktiga energiesi
som omger den, om den förblev oskyddad , och att kokningen av dess yttre skikt bildas en
skorpa som skyddade det som låg under. Plötsligt tar Freud en mäktig språng från detta original , delvis skadad levande cell : KIN högt utvecklade organismer den receptiva kortikala
skikt av den tidigare vesikel har länge dragits tillbaka in i djupet av det inre av
kropp , även om delar av det ha varit kvar på ytan omedelbart under
allmän sköld mot stimulii (s. 27f .) . Underförstått har han antagit att hans encelliga Adam har varit givande och har befolkat jorden , alltid passerar längs sina ursprungliga sårskorpor
genom arv av acguired tecken.
Just när du tror att Freud presenterar en mycket fantasifull , Lamarckian teori om ursprung i huden , växlar han metaforen . Men först hypothesiles han att kThe

specifik unpleasure av fysisk smärta är troligen resultatet av den skyddande sköld som har
brutits igenom . . . Cathectic energi kallats från alla håll för att ge

tillräckligt höga cathexes energi i omgivningen kring överträdelsen . En hanticathexis "på en
stor skala är inställd , till förmån för vilken alla andra psykiska system är impoverishedi
(s. 30) . Längs om här , den skarpa - kommer eyed läsare göra en försenad reaktion :
det lät som om
Freud talade om en fysisk sår i huden , men vad som får kallas till dess
marginalerna är inte de vita blodkropparna men Guanta av psykiska energyu Sedan på
nästa sida ,
Vi lär oss att kpreparedness för ångest och hypercathexis av de receptiva systemen
utgör den sista försvarslinjen för sköld mot stimuli i (sid. 31) . Denna sköld , vilket
verkade så konkret och fysiskt , visar sig vara en metafor insvept i en myt .
Det är sant att det hela fjärde kapitlet infördes med följande avväpnande uppriktig
stycke :
Vad som följer är spekulation , ofta långt - sökt spekulation , som läsaren kommer
överväga eller avfärda enligt hans individuella förkärlek . Det är ytterligare ett försök att
följa en idé konsekvent , av nyfikenhet för att se vart det leder . (1920 , s. 24).
I ljuset av den senare utvecklingen av Freuds teorier , där vi har sett att han kom för att
luta sig mot denna nyfikna vävnad av spekulationer som om det vore en stoutly
stödjande väv , verkar det som denna blyg ansvarsfriskrivning är en annan Klet låtsas ,
" så att Freud , som Brittania , bevilja undantag från reglerna .

FREUD retorik
Resultatet av denna undersökning av de medel Freud används i sitt sökande efter
sanningen är att han
förlitade sig på alla de klassiska enheterna i retorik . Effekten är inte att visa sig i alla
strikt bemärkelse , utan att övertyga, med hjälp av till viss del enheterna av en essäist ,
men även

mer de av en talare eller advokat , som skriver hans kort och sedan argumenterar fallet
med alla eloguence till sitt förfogande . Lägg märke till att jag har baserat denna slutsats
i första hand på en undersökning av Freuds mest tekniska , teoretiska artiklar och
böcker . I sådana mästerliga verk för den allmänna läsaren som hans olika serier av
introduktionsföreläsningar (1916-1917 , 1933) eller frågan om Lay Analys (1926b) , är
ännu mer explicit den retoriska formen ; de sistnämnda arbetet är faktiskt gjuten i form
av en utökad dialog , återblickar direkt tillbaka till de klassiska grekiska texter som
Freud var så förtjust .
Det finns en tendens i dag för att ta krhetorici som en något nedsättande term . Utom i
medvetandet hos de platoniker , hade ingen sådan klang i antiken . Som Kennedy
(1963) påpekar ,
En av de viktigaste intressen grekerna var retorik . . . . I sitt ursprung och avsikt retorik
var naturligt och bra : det producerade klarhet , kraft och skönhet , och den steg logiskt
från de villkor och qualities av den klassiska sinnet . Grekiska samhället förlitat sig på
muntliga uttryck . . . . Politisk agitation var oftast åstad eller besegrad genom mun till

mun . Rättsväsendet var på samma sätt muntligt . . . All litteratur är skriven för att höras ,
och även när man läser för sig själv en grekisk läsa högt (s. 3f .)
Retorik , eftersom teorin om övertygande kommunikation , var nödvändigtvis en hel del
mer än så ; det var den enda formen av kritik i grekiskt tänkande . I en av Aristoteles
definition , är retorik ka process för kritik , där ligger vägen till principerna för all
inguiriesi (Avsnitt I , guoted i McBurney , 1936 , s. 54 .) .
Eftersom vetenskapen inte var så kraftigt skiljer sig från andra metoder för att söka
sanningen
då som det senare blev , retorik var det närmaste till vetenskaplig metodik att
Grekerna hade . I Artistotle presentation , det fanns två typer av sanning : exakta eller
vissa , och
sannolik . Den förra var en angelägenhet för vetenskap , som manövreras med hjälp av
syllogistic

logik eller fullständig uppräkning. Alla andra typer av enbart probabilistisk kunskap var
sfärer av argumenterande inguiry , som manövreras med hjälp av dialektik och retorik .
Men den enda disciplin till vilken Aristoteles kriteriet kungualified vetenskaplig
knowledgei gäller är matematik (i dag anses innefatta symbolisk logik) ; endast i ett
sådant rent formell vetenskap kan strikt deduktiva förfarandet användas och säkerhet
uppnås .
Jag går in i denna mycket information om grekisk retorik eftersom det antyder för mig ett
eventuellt
lysande hypotes. Om allt jag kan göra för att göra det trovärdigt är att påpeka att Freud
gjorde
vet grekisk väl och läsa klassiker i original, och bland de fem kurser eller
seminarier han tog med Brentano var en på logik och minst en på kThe filosofi
Aristotlei (Bernfeld , 1951) . Om Freud fått någon formell utbildning i metodik , den
kritisk vetenskapsfilosofi , var det med den aristoteliska filosofen - psykolog
Brentano . Jag har inte hittat någonstans i Freuds verk någon hänvisning till Aristoteles
Retorik
eller några direkta bevis för att han visste det ; det bästa jag kan göra är att erbjuda
dessa bitar av
indicier (eller , som Aristoteles skulle ha uttryckt det, att göra ett argument från
tecken). Det är alltså möjligt att Freud var på detta sätt introduceras till enheterna i
retorik
och enthymemetic eller probabilistiskt resonemang som legitima instrument för inguiry
in
empiriska frågor. Hans förkastande av spekulativ , deduktivt exakt system - byggnad
kan
tyder på att han accepterar den aristoteliska dikotomin mellan exakt (eller matematiskt)
och sannolika sanningen och väljer att arbeta i den verkliga och ungefärlig värld där
retorik
var lämpliga metoder för att närma sig en enda relativ sanning .
Som jag har lagt denna synpunkt suddar medvetet en bra men viktig skillnad

mellan två typer av probabilism : att av retorik , där de tekniska medel för

rimligt resonemang används för att förbättra i huvudet på lyssnaren på engelska
Sannolikheten att talarens tes är sann ; och den för modern skeptiska vetenskapen,
som
använder de mest exakta och rigorösa metoder möjliga att mäta sannolikheten för en
thesise
det vill säga hur mycket förtroende vi kan ha att det är en god approximation till en
verklighet
som kan kontaktas endast asymptotiskt . För de förstnämnda är ett bevis att upprätta
tro ; för den senare , är verifiering ett avslag på ett säkert falsk nollhypotes och
tillfälligt godkännande av ett alternativ som det bästa tillgängliga för tillfället . Jag gör
inte
tror att Freud såg denna skillnad klart ; i alla fall , han skriver som om han trodde
i dessa termer .
Visst var han en utmärkt retoriker , om han var en medveten eller inte. Han var en
mästare i alla sina fem delar , som vi hittills har diskuterat främst aspekter av den första ,
uppfinningen , som inkluderar de steg av bevis : direkta bevis , argumentation från
bevisen , och indirekta medel för övertalning av kraften av personliga intryck eller
närvaro (ethos) eller genom kthe känslor han kan vakna av hans verbala
överklaganden , hans gester , i mm (patos) (Kennedy , 1963 , sid. 10). Freuds
excellens på ethos och pathos , och på de två sista av de delar , minne och leverans ,
beskrivs av Jones :
Han var en fascinerande föreläsare . Föreläsningarna var alltid upplyst av hans säregna
ironisk humor . . . Han använde alltid en låg röst , kanske för att det kan bli ganska
hårda om ansträngda , men talade med största tydlighet . Han använde aldrig några
anteckningar , och sällan gjort mycket förberedelser för en föreläsning . . .
Den beundrande levnadstecknare fortsätter med att konstatera att Khe aldrig använt
retorik , jag men verkar han
att använda termen i modern mening som synonymt med svulstighet , som var säkert
inte
vad de gamla grekerna betydde . Vad Jones beskrivning förmedlar är en mycket effektiv
form av

personlig närvaro . Freud
pratade intimt och conversationally . . . Man kände att han vände sig till oss personligen . . .
Det fanns ingen flimmer av nedlåtenhet i det , inte ens en antydan till en lärare .
Publiken antas bestå av mycket intelligenta människor som han ville förmedla några av
sina senaste erfarenheter . . . (Jones, 1953 , sid. 341f .)

När det gäller de återstående två delarna i den aristoteliska fem - del uppdelning av retorik , arrangemang och stil , mycket skulle kunna skrivas , men det skulle dike på litterär kritik . Grekerna analyled stil evaluatively i termer av de fyra dygder korrekthet , klarhet , ornamentik , och anständighet ; Jag ska bara spela mitt intryck att Freud skulle tjäna toppbetyg på alla dessa punkter .
Freud berömde sig om att ha hållit sig borta från den bråka kontroverser av polemik . Endast en gång , säger han med viss stolthet i hans självbiografi (1925) , gjorde han direkt svara på en kritiker , i 1f94 . Ändå är det uppenbart att han skrev i en polemisk stämning mycket av resten av sitt liv , alltid med en medvetenhet om att läsaren kan vara fientlig . Han var tydlig om det i många brev till sina anhängare . Till exempel, för Jung 1909 :
Vi kan inte undvika motstånd , så varför inte hellre utmana dem på onces Enligt min mening attack är bästa försvar . Kanske underskattar styrkan av dessa motstånd när du hoppas att bemöta dem med små eftergifter . (tuoted i Jones, 1955 , sid. 436)

Och till Pfister två år senare :
Det är knappast möjligt att ha en offentlig debatt om psykoanalys ; man inte har någon gemensam grund och det finns inget att göra mot de lurande känslor . Rörelsen är berörda med djupet , och debatter om det måste förbli så misslyckat som de teologiska disputationer vid tiden för reformationen . (Jones, 1955 , sid. 450f .)

Känsla detta starkt , kunde Freud inte gjort annat än att närma sig uppgiften att redogörelsen som ett argument . Det amaling är att den duktiga verbala krigare låta forskare i Freud har ordet så mycket som han did.7

SAMMANFATTNING
Och nu vill jag återvända till kognitiv stil i sin moderna tekniska bemärkelse . Som Klein använder den , characteriles en kognitiv stil en person och hans unigue sätt att bearbeta
information. Det finns , naturligtvis, likheter bland människor i dessa avseenden , och den
dimensioner i vilka kognitiva stilar kan analyled kallas kognitiv kontroll
principer. (Den mest nästan vräkningen av de principer som upptäcktes av Klein och hans medarbetare finns i monografin av Gardner , Hollman , Klein , Linton , m Spence , 1959 .)
Vi har sett att Freud hade , till en ovanlig grad , en tolerans för tvetydighet och inkonsekvens. Han behövde det . Som jag argumenterat i tidigare avsnitt , över , hans tänkande alltid tog
placera i samband med genomgripande konflikter. I den första av dessa , anbud - minded , spekulativ ,
bred - allt och fantasylike tänkande som härrör från Naturphilosophie ställdes mot den disciplinerade Fysik fysiologi av hans vördade lärare . Den andra konflikt involverade uppsättningar påståenden om verkligheten och människor och , mer allmänt , två

motsatta världsbilder , en humanistisk och en mekanistisk bild av maneone konstnärligt ,
litterärt ,
och filosofiska , den andra grundad i ett reduktionistiskt ideal för vetenskap och dess
löfte om
framsteg genom saklighet och stringens . Dessutom Freuds metapsychological modell
sammandrabbningar

7 Som en kort ekologisk åt sidan , skulle jag vilja föreslå att Freud skulle ha varit mindre
av en kämpe i hans
skriva om han hade arbetat från den skyddande säkerheten i en akademisk position.
Sitt dyrbara Professorshipen gjorde
inte bära besittningsrätt eller någon lön ; Freud drivs alltid från utsatta och ensamma
situationen för privata
praxis.

på många avgörande punkter med verkligheten ; så ytterligare en konflikt ägde rum
mellan en uppsättning
Freuds grundläggande orienterings antaganden och hans växande kännedom om fakta
om
beteende.
På grund av alla dessa konflikter , tror jag att han var tvungen att arbeta i sin
karakteristiskt lös - ledad sätt . Om han hade haft ett tvångsmässigt behov av tydlighet
och konsekvens , skulle han förmodligen ha varit tvungen att göra val och lösa sina
intellektuella konflikter . Om han hade följt vägen för hårt - nosed vetenskap , skulle han
ha varit fången av de metoder och antaganden som han lärt sig i sin medicinska skolan
och dess laboratorieseanother , mer begåvade Exner , som kanske har skrivit en rad
utmärkta neurologiska böcker som de en på afasi , men vem skulle förmodligen ha
emulerade hans försiktiga samtida i styrning klara av hysteriska patienter . Och om han
hade vänt ryggen åt den ansträngning vid vetenskaplig disciplin och hade öppnat
dammluckorna till hans spekulativa uppfinningsrikedom , skulle vi ha haft en strid ström
av naturen - filosofiska essäer , men inget som psykoanalys ; eller om humanisten i
honom hade avgörande vunnit över mekanisten , kunde han ha skrivit lysande romaner ,
men skulle aldrig ha gjort sina stora upptäckter .
Men eftersom Freud kunde hålla en fot i konst och en i vetenskap , eftersom han kunde
bekvämt behålla säkerheten i en modell ärvt från respekterade myndigheter utan dess
helt förblindade honom till de aspekter av verkligheten som den inte hade någon plats ,
kunde han vara
utomordentligt kreativ . Produktiv originalitet inom vetenskap innebär en dialektik frihet
och kontroll , flexibilitet och stringens , spekulation och själv - kritisk kontroll . utan några
uppluckring av de kedjor av konventionella , safe , sekundär - processtänkande, kan det
vara lite
originalitet ; Pegasus måste ha en chans att ta vingen . Men ensam frigörelse är inte
tillräckligt. Om

flexibilitet inte åtföljs av disciplin , blir det smidighet , och sedan har vi en visionär , en Phantast (som Freud kallade sig och Fliess gång) i stället för en vetenskapsman . Det var just detta som Freud fruktade i sig själv . De vågade men fruktbara idéer måste sorteras från blott vågade eller positivt harebrained sådana ; insikter måste noga kontrollerat ; nya koncept måste arbetas in i en struktur av lagar så att de passar smidigt, stötta och utöka byggnad . Allt detta tar en attityd som är i motsats till den tidigare , mer strikt kreativ man . Det frågar en hel del av en man , därför att han är skicklig i båda typerna av tänkande och kunna skifta lämpligt från rollen som drömmaren till det av kritiker . Kanske det är en anledning till att vi har så få verkligt stora vetenskapsmän .

Det första stora kännetecken av Freuds kognitiva stil är slående påminner om principen om kognitiv kontroll kallas av Klein och hans medarbetare tolerans för instabilitet eller

för orealistiska upplevelser . khTolerant ' ämnen pas jämfört med intoleranta onesq verkade i

egually adeguate kontakt med den yttre verkligheten , men var mycket mer avslappnad i sin

godkännande av både idéer och perceptuella organilations som reguired avvikelse från konventionell " (Gardner et al. , 1959 , sid. 93) . Det är en avslappnad och fantasifull typ av sinne ,

avstånd från det som är fast klamrar sig fast vid en bokstavligen tolkat verklighet . Och Freud (1933)

var ovanligt villiga att underhålla parapsykologiska hypoteser som går långt utöver vetenskapligt konventionella koncept av verkligheten . Telepati är guite rally ett kunrealistic

upplevelse.Jag

Om Freud var tolerant av tvetydighet , inkonsekvens , instabilitet , och orealistisk erfarenheter , det fanns en liknande - klingande uppger att han inte kunde tolerera : meningslöshet , under antagandet att en process var stokastisk eller att ett fenomen

uppstått på grund av slumpmässiga fel . Ingen tvekan denna attityd ledde honom ibland i

overinterpreting uppgifter och läsa meaningeespecially dynamisk och motiverande meaningeinto beteende omotiverat . Men det sporrade också hans grundläggande upptäckter , till exempel

den för den primära processen och tolkningsbarhet av drömmar , neurotiska och psykotiska

symptom.

Låt oss se om de återstående fem dimensioner beskrivs av Gardner , Hollman , Klein , Linton , och Spence inte utgör en användbar ram för summariling Freuds sätt att tänka . Det verkar ju troligt att Freud var starkt fält - oberoende . Inner ---

riktade han säkert var , och Graham (1955) har visat ett empiriskt samband mellan
Riesman ter (1950) och Witkin Modell (1949) begrepp. Här är en Gardner et al.
beskrivning av
den typ av person som är fält - independentenot markant beroende av synfältet
för orientering till upprätt : han characteriled av k (a) aktivitet i hanteringen av
miljö ; (b). . . hinner liv " och effektiv kontroll av impulser , med låg ångest ; och (c)
hög själv - känsla , däribland förtroendet för kroppen och en relativt vuxen kropp - image .
i Det
låter en hel del som Freud , utom möjligen för hans ambivalenta och snarare
inbillningssjuk inställning till hans bodyekpoor Konrad , i som han wryly kallade det .
Linton
(1955) har dessutom visat att fält - ständiga människor är lite känsliga för grupp
inflytande , säkert sant av Freud .
I sin preferens för ett litet antal extremt brett definierade motiverande
begrepp , tycks Freud ha haft en grundläggande överensstämmelse område . Och på
Kleins dimension
flexibel kontra förträngda kontroll , skulle Freud förvisso ha gjorde väl över på
flexibel ände . Var han inte krelatively bekväm i situationer som involverade motstridiga
eller

påträngande signaler . . . inte overimpressed med en dominerande stimulans
organilation om . . . en annan del av området pwasq fler appropriateis Och säkert att
han inte kdid tenderar att undertrycka känslan och annan intern cues.i Detta är
beskrivningen av flexibelt - (. . Gardner et al , 1959 , s. 53f .) kontrollerat ämne .
De andra två dimensioner av kognitiv kontroll verkar mindre relevant . Skanning (jämfört
fokusering) som ett sätt att använda uppmärksamheten kan tyckas antyda hur Freud
gick till hans
patienter , men det är gualitatively annorlunda. Skanning åtföljs av förmågan att
koncentrera sig på vad som är viktigt , men till priset av isolering hos påverka och
overintellectualilation ; det är inte så mycket passivt avslappnad delta som en rastlöst
roaming
söka efter allt som kan vara användbara . Och såvitt jag kan avgöra , Freud var inte
antingen en lastbrygga eller ett bryne ; han varken vanligtvis suddiga distinktioner och
förenklad
han var inte speciellt uppmärksam på fina skillnader och alltid på jakt efter små
förändringar i
situationer .
Det är rimligt att dra slutsatsen , tror jag , att en del av dessa principer för kognitiv
kontroll verkar
guite apt och användbara , även om en stor del av smaken av Freuds unigueness som
en tänkare är
förlorade när vi tillämpar dem till honom . Dessutom ett par andra aspekter av kognitiv
stil

har föreslagits som characteriling Freud . Kaplan (1964) inleds en allmän diskussion om
den kognitiva stilen av beteendevetare sätt : k . . . tanke och dess uttryck är säkert
inte helt utan samband med varandra , och hur vetenskapliga rön är formulerade för
införlivande i den samlade kunskap som speglar ofta stilistiska drag av det tänkande
bakom themn (s. 259) . Han fortsätter med att beskriva sex huvudsakliga stilar , och
nämner Freud i
samband med två av dem först : den litterära och akademiska stilar . den litterära

stil är ofta berörs med individer, tolkas klargely i termer av den specifika
syften och perspektiv aktörer , snarare än i termer av abstrakta och allmänna
kategorier av vetenskapsmannens egen förklaringsschema. . . Freuds studier av Mose och
Leonardo. . . ställer ut något av den här stilen. " Den akademiska stil , däremot är kmuch
mer abstrakt och generell . . . Det finns en del försök för att vara exakt , men det är
verbalt snarare
än operativt . Vanliga ord används i vissa sinnen , för att utgöra en teknisk
vokabulär. . . . pTreatment av dataq tenderar att vara i hög grad teoretisk , om inte i
själva verket enbart
spekulativa. Systemet införs i form av stora hprinciples , " appliceras om och om igen för att
specifika fall , som illustrerar generalilation istället tjäna som bevis för det . " Kaplan
citerar kessays i psykoanalytisk teori " generellt som exempel , men jag litar på att det
kommer att framgå
hur väl dessa beskrivningar characterile och summarile mycket av det som jag har fört ut
om Freud.

En Dekalogen för läsaren av Freud

Avslutningsvis , låt mig komma tillbaka till mitt ursprungliga uttalande om att en bättre
förståelse av
Freuds intellektuella bakgrund och kognitiv stil skulle hjälpa den nutida läsaren att
läser honom med insikt snarare än förvirring , och försöka ge det substans i form av tio
förmaningar . Som en annan decalogue , kan de reduceras till en gyllene regel : att vara
empatiska

snarare än projectiveeelearn vad är mannens egna villkor och ta honom på dem .
1 . Akta dig för att lyfta uttalanden ur sitt sammanhang . Denna praxis är särskilt frestande att
läroboksförfattare, polemiska kritiker och forskning - minded kliniska psykologer som mer angelägna om att få rätt till prövning av propositioner än att genomföra den långsamma studie av en
stor korpus av teori . Det finns inget substitut för att läsa nog av Freud för att få sin fulla mening , vilket är nästan aldrig fullt uttryck i ett enda stycke på oavsett hur specifikt en punkt .
2 . Ta inte Freuds extrema formuleringar ordagrant . Behandla dem som hans sätt att ringa
er uppmärksamhet på en punkt . När han säger knever , jag kinvariably , jag kconclusively , jag och liknande ,
läs vidare för gualifying och mjukgörande uttalanden . Tänk på den förändring som har tagit
plats i den allmänna atmosfären sedan Freud skrev sina stora verk ; social acceptans och
respektabilitet har ersatt chock och fientlighet , vilket gjorde Freud anser att hans var en liten
och ensam röst i en kall vildmark , så att han var tvungen att skrika för att höras alls .

. 3 Håll utkik efter inkonsekvenser ; inte heller snubbla över dem eller Seile på dem med

skadeglädje , men ta dem som ofullständiga dialektik formuleringar väntar syntesen som Freuds kognitiva stil gjorde honom konsekvent dra tillbaka från .

4 . Var på klockan för bildspråket , personifikation särskilt (reifierat formuleringar av begrepp som homunculi). Tänk på att det är det i första hand för färg även om det gjorde ibland leder Freud vilse själv , och att det är mest rättvist för honom att förlita sig främst på de av hans uttalanden i frågor som är minst poetiska och dramatiska .
. 5 Förvänta dig inte rigorösa definitioner ; ser snarare för betydelserna av sina villkor i sätt att de används under en tidsperiod. Och bli inte förfärad om du hittar ett ord som är används på ett ställe i sin vanliga, litterär mening , på en annan i en särskild teknisk mening
som förändras med den utvecklingsstatusteorin . Ett företag som Dictionary of Psychoanalysis , som satts samman av ett par flitiga men missriktade analytiker
som lyfte definition - som straff från många av Freuds verk , är helt felaktig i befruktning och förråder en total missuppfattning av Freuds stil att tänka och arbeta .
6 . Vara välvilligt skeptisk Freuds påståenden om bevis på att något har fastställts bortom allt tvivel . Kom ihåg att han hade olika beviskrav än vad vi gör idag , att han förkastade experiment dels från en alltför - snäv uppfattning om det och dels för att han hade funnit det stilist oförenliga långt innan ens de första verk av RA Fisher , och

tenderade att förvirra en replikerad observation med en verifierad teori om fenomenet i guestion .
7 . Kom ihåg att Freud var ÖVERFÖRTJUST av dikotomier , även om hans uppgifter var bättre
conceptualiled som kontinuerliga variabler; i allmänhet , inte anta att teorin är ogiltig genom att ansträngningarna anges mycket av tiden i metodologiskt oförsvarlig form.

f . Var försiktig med Freuds tyngd . Tänk på att han var en mäktig rhetorician i områden där hans vetenskapliga grund var osäker . Fast han var ofta rätt, det var inte alltid av de skäl han gav , som nästan aldrig riktigt tillräckligt för att bevisa sin sak , och inte alltid i den utsträckning som han hoppades .
Slutligen· , vara särskilt försiktig att inte dras till endera av två extrema och egually ohållbara positioner : det är ,
9 . Ta inte Freuds varje mening som en djup sanning som kan medföra svårigheter men bara på grund av våra egna inadeguacies , vår fotgängare svårt att hålla jämna steg med den
skyhöga minnet av ett geni som inte alltid bryr sig om att FÖRKLARA åtgärder som var uppenbart för
honom , men som vi måste leverera med mödosam exegetisk stipendium . Detta är frestelsen
av de forskare som arbetar inifrån de psykoanalytiska institut , de allvarliga freudianerna som , till Freuds irritation , hade redan börjat växa fram under sin livstid . För de flesta av oss
på universiteten , är det farligare en motsvarande frestelsen :
10 . Låt inte dig själv bli så kränkt av Freuds bortfaller från metodologisk renhet som du avskeda honom helt och hållet. Nästan varje läsare kan lära sig ett enormt mycket från Freud , om han
kommer att lyssna noga och sympatiskt och inte ta hans uttalanden på för stort allvar

Referenser

Amacher , P. 1965. Freuds neurologiska utbildning och dess inflytande på psykoanalytisk
teorin. Psykologiska frågor , 4 : Monografi nr 16 .
Andersson . O. 1962 Studier i förhistoria psyko : . Etiologi
psyclioneuroses och några relaterade teman i Sigmund Freuds vetenskapliga skrifter och brev , 1886-1896 . Stockholm : Svenska Bokförlaget Norstedts .
Bernfeld , S. 1944 . Freuds tidiga teorier och skola Helmholtl . Psyko
Quarterly , 13 : 342 --- 362 .
xxxxx 1951 . Sigmund Freud . M.D. . 1ff2 --- 1ff5 . International Journal of Psychoanalysis , 32 :

204 --- 217 .
Boring . EG 1954 . Översyn av kThe liv och arbete av Sigmund Freud.n Vol . I. av
Ernest Jones .
Psychological Bulletin , 51 : 433 --- 437 .
Breuer . J. . Och Freud . S. 1955. Studier av hysteri . Standard Edition , Vol . . 2 London :
Hogarth .
Bry , Ilse . och Rifkin . . A H. 1962 Freud och idéhistoria : primära källor . 1ff6 --- 1910.
I vetenskap och psykoanalys , Vol . V. , ed . J.H. Massermans . New York : Grune m
Stratton .
Chein . I. 1972. Vetenskapen om beteende och bilden av människan . New York : Basic
Books .
Cranefield . P.F. 1957 . De organiska fysik 1f47 och biofysik i dag . Journal of
medicinens historia , 12 : 407-423 .
Culbertson , J.T. 1963. Sinnen robotar. Urbana : University of Illinois Press .
Darwin. C. (1f59) På arternas uppkomst . Cambridge : Harvard University Press . 1964.
Ellenberger . H. F. 1956. Fechner och Freud . Bulletin Menninger Clinic , 20 : 201-214 .
. xxxxx 1970 Upptäckten av det omedvetna ; historia och utvecklingen av dynamisk
psykiatri .
New York : Basic Books .
Freud . S. (1f95) Projekt för en vetenskaplig psykologi . Standard Edition , Vol . . 1
London :

Hogarth Press , 1966.
xxxxx (1f96) Etiologin av hysteri . Standard Edition . Vol . . 3 London : Hogarth . . 1962
xxxxx (1ff7 - 1902) Ursprunget till psykoanalys . New York : Basic Books . 1954 .
xxxxx (1900) Tolkningen av drömmar . Standard Edition , vol . . 4 m 5 London : Hogarth .
1953 .
xxxxx (1901) Den psykopatologi av vardagen . Standard Edition . Vol . . 6 London :
Hogarth . I960 .
xxxxx (1905a) Skämt och deras förhållande till det omedvetna . Standard Edition , Vol .
f . London :
Hogarth, 1960 .
xxxxx (1905b) Tre essäer om teorin om sexualitet . Standard Edition , Vol . . 7 London :
Hogarth , 1953 .
xxxxx (1905c) Fragment av en analys av ett fall av hysteri . Standard Edition , Vol . . 7
London :
Hogarth , 1953 .
xxxxx (1906) Mina åsikter om vilken roll sexualiteten i etiologin av neuroser .
Standard Edition , Vol . . 7 London : Hogarth , 1953 .
xxxxx (1912a) Rekommendationer till läkare praktiserande psyko - analys . Standard
Edition

Vol. . 12 London : Hogarth , 195f .
xxxxx (1912b) En kommentar om det omedvetna i psyko - analys . Standard Edition ,
Vol . 12 .
London: Hogarth , 195f .
xxxxx (1913) Totem och tabu . Standard Edition , Vol . . 13 London : Hogarth , 1955 .
xxxxx (1914) På narcissism : En introduktion . Standard Edition , Vol . 14 London : .
Hogarth ,
1957 .
xxxxx (1915a) Instincts och deras öden . Standard Edition , Vol . 14 London : . Hogarth ,
1957 .
xxxxx (1915b) Förtryck . Standard Edition , Vol . . 14 London : Hogarth . 1957 .
xxxxx (1915c) Det omedvetna . Standard Edition , Vol . . 14 London : Hogarth , 1957.
xxxxx (1916-1917) Inledande föreläsningar om psyko - analys . Standard Edition , vol .
15 m 16 .
London: Hogarth , 1963.
xxxxx (1917) Sorg och melankoli . Standard Edition , Vol . . 14 London : Hogarth , 1957.

xxxxx (1920) Bortom lustprincipen . Standard Edition , Vol . 1f. London: Hogarth ,
1955 .
xxxxx (1921) Gruppsykologi och analys av egot . Standard Edition , Vol . 1f.
London: Hogarth , 1955.
xxxxx (1923) Jaget och id . Standard Edition , Vol . . 19 London : Hogarth , 1961.
xxxxx (1925) En självbiografisk studie . Standard Edition , Vol . . 20 London : Hogarth ,
1959.
xxxxx (1926a) hämningar , symtom och ångest . Standard Edition , Vol . . 20 London :
Hogarth , 1959.
xxxxx (1926b) Den guestion av låg analys . Standard Edition , Vol . 20 London : .
Hogarth ,
1959 .
xxxxx (1927) Framtiden för en illusion . Standard Edition , Vol . . 21 London : Hogarth ,
1961.
xxxxx (1930) Civililation och dess missnöje . Standard Edition , Vol . 21 London : .
Hogarth ,
1961 .
xxxxx (1933) Nya inledande föreläsningar om psyko - analys . Standard Edition , Vol .
22 .
London: Hogarth , 1964.
xxxxx (1934 - 3f) Moses och monoteismen : tre essäer . Standard Edition , Vol . . 23
London :
Hogarth , 1964.
xxxxx (1940) En översikt av psyko - analys . Standard Edition , Vol . 23 London : .
Hogarth ,

1964.

xxxxx (1960) Brev av Sigmund Freud . E. L. Freud . New York : Basic Books .

Galdston , I. 1956. Freud och romantisk medicin . Bulletin för medicinens historia , 30 :
4F9 -

507 .

Gardner , RW , Hollman , PS , Klein , GS , Linton , Harriet B. , och Spence , DP 1959.
Kognitiv kontroll , en studie av individuella konsistenser i kognitiv beteende .
Psykologiska frågor , 1 , Monograph No 4 .

Genung , JF 1900 . Arbetsprinciperretorik . Boston: Ginn .

Graham , Elaine . . 1955 Inre - riktade och andra - riktade attityder . opublicerad
doktorsavhandling
avhandling , Yale University

Holt, RR 1961. Kliniska bedömning som en disciplinerad inguiry . Journal of Nervous
och mental

Sjukdom , 133 : 369 --- 3f2 .

xxxxx 1962. En kritisk granskning av Freuds begrepp bundet kontra fri cathexis .
Journal of
den amerikanska psykoanalytiska föreningen , 10 : 475-525 .

. xxxxx 1963 Två påverkan på Freuds vetenskapliga tänkandet : ett fragment av
intellektuell
biografi . I studien av liv , ed . R. W. White. New York : Atherton Press .

. xxxxx 1964 Imagery : återlämnande av ostraciled . Amerikansk psykolog , 194 : 254 ---
264 .

xxxxx 1965a . En genomgång av några av Freuds biologiska antaganden och deras
inflytande på hans
teorier . I Psykoanalys och nuvarande biologisk tanke, ed . N. Greenfield och W.
Lewis. Madison: University of Wisconsin Press .

xxxxx 1965b . Freuds kognitiv stil. American Imago , 22 : 167 --- 179 .

xxxxx 1967 Bortom vitalism och mekanism : . Freuds begrepp psykisk energi . i Science
och psykoanalys , ed . J.H. Massermans . Vol. wi, New York : Grune m Stratton .

xxxxx 196f . Freud , Sigmund . International Encyclopedia of samhällsvetenskap , Vol .
6 . New
York : Macmillan , The Free Press .

xxxxx 1972a . Freuds mekanistiska och humanistiska bilder av människan . I
Psykoanalys och
modern vetenskap , ed . R.R. Holt och E. Peterfreund . Vol. I. New York : Macmillan

xxxxx 1972b . På naturen och allmängiltigheten mentala bilder . I funktion och karaktär
bildspråk , ed . P. W. Sheehan . New York : Academic Press .

Hunter, RA, och Macalpine , I., eds. 1963 Tre hundra år av psykiatrin , 1535-1860 : . A
historia presenteras i utvalda engelska texter . London : Oxford University Press .

Jackson , SW 1969. Historien om Freuds begrepp regression . Journal of American Psykoanalytisk Association , 17 : 743 - 7f4 .
Jones, E. 1953 , 1955 , 1957 . Livet och arbetet av Sigmund Freud , vol . I, II , m III.
New York :
Basic Books .
Kaplan, A. 1964. Genomförandet av utredningen . San Francisco : Chandler .
Kennedy, G. 1963. Konsten att övertalning i Grekland . Princeton : Princeton University Press .
Klein , GS 1951 . Den personliga värld genom perception . I Perception : Ett förhållningssätt till
personlighet , ed . R. R. Blake och G. V. Ramsey . New York : Ronald Press .
xxxxx 1970. Perception , motiv och personlighet . New York : Knopf .

Linton, Harriet B. 1955 Beroendet av yttre påverkan . Korrelerar i perception , attityder och dom . Journal of Abnormal och socialpsykologi , 51 : 502-507 .
McBurney , JH 1936. Platsen för enthymeme i retorisk teori . Tal monografier , 3 : 49 --- 74 .
Nunberg , H. (1931) Den syntetiska funktion egot . I praktik och teori psykoanalys . New York : Nervös m Mental Diseases Publishing Co , 194F , s. i20 - 136 .
Rapaport , D. 1959 Strukturen på psykoanalytisk teori . En systematiling försök . I Psykologi : En studie av en vetenskap , Vol . 3 , ed . S. Koch. New York : McGraw --- Hill .
xxxxx och Gill , MM 1959. De synpunkter och antaganden om Metapsychology . International Journal of Psycho - Analys , 40 : 153-162 .
Riesman , D. 1950. Den ensamma publiken . New Haven : Yale University Press .
Spehlmann R. 1953 Sigmund Freuds neurologische Schriften : . Eine Unter - suchung zur
Vorgeschichte der PSYKOANALYSERA . Berlin : Springer Verlag . (Engelsk sammanfattning av H.
Kleinschmidt i årliga undersökning av psykoanalys , 1953 , 4 : 693-706) .
Witkin , HA 1949 . Perception av kroppsställning och positionen av synfältet . Psykologiska monografier , 63 . (7 . Sammanlagt nr 302) .